LE ROMAN
DE CONSTANTINOPLE

GILLES MARTIN-CHAUFFIER

LE ROMAN
DE CONSTANTINOPLE

ÉDITIONS DU ROCHER

Collection « Le roman des lieux magiques »
dirigée par Vladimir Fédorovski

Déjà parus :

Le Roman de la Russie insolite, Vladimir Fédorovski.
Le Roman de Saint-Pétersbourg, Vladimir Fédorovski.
Le Roman du Kremlin, Vladimir Fédorovski.
Le Roman d'Athènes, Marie-Thérèse Vernet Straggiotti.

À paraître :

Le Roman de la Maison-Blanche, Philippe Vallet.
Le Roman d'Odessa, Michel Gurfinkiel.
Le Roman de l'Orient-Express, Vladimir Fédorovski.
Le Roman de Bagdad, Geneviève Moll.
Le Roman de Berlin, Daniel Vernet.
Le Roman de Shangai, Bernard Debré.
Le Roman de Séville, Michèle Kahn.
Le Roman de New York, Yves Berger.
Le Roman de Hollywood, Jacqueline Monsigny et Edward Meeks.

© Éditions du Rocher, 2005.
ISBN 2-268-05281-8

INTRODUCTION

Le marbre de ses palais baigne dans trois mers, celle de Marmara et, en sentinelles, les détroits du Bosphore et des Dardanelles. Les minarets de ses innombrables mosquées et les coupoles de ses églises millénaires montent la garde sur sept collines, comme à Rome. Ici, trois empires ont amassé leurs trésors, le romain, puis le byzantin et, enfin, l'ottoman. Leur capitale régnait sur trois continents : l'Europe, l'Asie et l'Afrique. Elle a d'ailleurs porté trois noms de baptême : Byzance, Constantinople et Istanbul. Chacun faisait rêver et trembler. Justinien et Théodora régnaient sur le plus grand empire chrétien de l'Histoire. Et Soliman le Magnifique administrait la plus grande nation occidentale, étalée de la mer Noire à la Crète et du Péloponnèse aux abords de Vienne. Plus tard, lorsque la puissance ottomane s'effrita, on parla de l'« Homme malade de l'Europe » et non pas de l'Asie, fut-elle mineure. Depuis deux mille ans, Constantinople est le fleuron de notre patrimoine. On devrait d'ailleurs parler de « son » patrimoine. Sans sa puissance ni ses murailles, aujourd'hui, notre civilisation n'existerait pas.

Si une ville incarne l'idée de la tour de Babel, c'est elle. Tous les peuples sont venus camper à ses pieds. Les Hittites et les Perses, les Grecs et les Romains, les Arabes et les Mongols, les Slaves et les Vikings. Et les Vandales, les Goths, les Huns... Un jour, ils se levaient, ils se rangeaient en colonnes, ils s'armaient de pied en cap et ils se mettaient en route pour l'éden, c'est-à-dire pour nos plaines et nos rivages. Ils franchissaient les fleuves, ils massacraient les observateurs, ils avançaient, ils ne connaissaient que le droit du plus fort et, un jour, ils arrivaient à Constantinople. Là, tout s'arrêtait. On les grillait vifs, on les transperçait, on les soudoyait, on les emberlificotait, parfois on les incorporait et, soudain, la menace s'était évanouie. Pendant mille ans, toutes les marées barbares se sont brisées contre les murailles de Théodose. Quand, enfin, elles sont tombées, l'Europe s'était constituée et pouvait défendre toute seule son art de vivre et sa civilisation. Quelle civilisation ? Celle que Byzance nous avait transmise !

La mode, l'ignorance et des arrière-pensées contradictoires ont répandu l'idée que l'émirat de Cordoue et l'Andalousie, paradis récemment révélés de la coexistence entre les religions, nous avaient transmis les trésors intellectuels de l'Antiquité. C'est oublier qu'ils n'avaient jamais disparu et, au contraire, qu'ils étaient préservés, respectés et enseignés à Byzance. C'est là dans cette métropole mystique envahie d'églises que le corps romain, l'esprit grec et l'âme chrétienne ont fusionné et prospéré pendant mille ans. On imagine un empire orthodoxe empêtré dans des querelles épineuses sur le sexe des anges et on se méfie d'un protocole impérial dangereusement oriental à force de prosternations, mais les universités des Comnène et des Paléologues étaient d'abord des grandes écoles grecques, fières d'Alexandre et férues d'Aristote. Là, dans les salles de classe, la pratique du droit romain, l'étude de la pensée platonicienne et les soins amoureux portés à l'héritage national antique ont pavé, siècle après siècle, la voie à l'esprit européen. Comme Napoléon reste dans l'Histoire française pour le Code civil qui assortit la loi républicaine aux usages des temps modernes, Justinien a refondé pour nous tous le droit romain en le simplifiant et en l'harmonisant avec les impératifs chrétiens. C'est à Byzance qu'on a, pour la première fois, remplacé la chicane obscure par la clarté concise. Nos États sont sortis de cette œuvre.

Pourquoi l'a-t-on oublié ? Parce que, comme d'habitude, la forme l'a emporté sur le fond. Dédaignant l'infini travail des érudits de Byzance et d'Istanbul, on n'a retenu que des scènes et des images des épopées grecques et ottomanes. Ces flots d'intrigues menées par des prêtres et des courtisanes, ces enfants assassinés, ces yeux crevés, ces mains tranchées, ces nez coupés et ces langues arrachées, ces parricides et ces fratricides entrés dans les mœurs, ces eunuques au pouvoir avec leurs voix de sopranos, leurs chairs en gelée, leurs bagues et leur vernis à ongles, cela faisait un peu trop Ali Baba pour appartenir à notre héritage. Et pourtant ! Dans cette cité où les empereurs étaient plus fiers de leurs sermons que de leurs faits d'armes, tout s'effaçait devant la culture. On a oublié les phrases de Justinien mais on a retenu le mot qu'il prononça en pénétrant dans la toute neuve et monumentale Sainte-Sophie : « Salomon, je t'ai surpassé. » Ce n'est pas avec César ou avec Ramsès qu'il entendait rivaliser mais avec le plus sage des souverains de notre mythologie. Et ce n'est pas à ses généraux qu'il entendait confier le soin de sa gloire, mais à ses artistes. Avec quel succès ! L'art byzantin a laissé son empreinte de la Baltique à l'Espagne, du Caucase à la Sicile et de Tunis à Venise. Son charme féerique a inondé l'Europe médiévale. La coupole de Sainte-Sophie, étendue comme le ciel, lisse comme lui et éclairée de mosaïque d'or comme le firmament l'est d'étoiles brillantes, était la couronne de notre monde. Les souverains siciliens, serbes, arméniens, géorgiens, bulgares, florentins, vénitiens ou russes invitaient les artistes préférés du basileus à venir embellir leurs capitales. Les autres, à Paris, à Londres ou en Champagne se ruinaient en achats de bijoux, d'argenterie, de tissus de soie ou de vaisselle en verre. De l'Atlantique à l'Oural, les peintres, les architectes et les décorateurs travaillaient en songeant à Byzance. Notre passé, c'est d'abord le sien. L'or, la malachite et le porphyre, les rubis, les émeraudes et les saphirs, tous ces trésors qui illuminaient les interminables et somptueuses cérémonies dans d'immenses salles embrumées d'encens ont enflammé les rêves de notre Moyen Âge comme l'espoir éclaire les heures sombres. Et cela a duré des siècles. Car la puissance de Constantinople reposait sur une richesse inépuisable : l'organisation.

Vu d'Occident, l'Empire ressemblait à ses églises d'un luxe scintillant mais d'une profusion confuse. Des centaines d'icônes répétitives et figées mêlaient les patriarches, les prophètes, les apôtres, les évêques, les souverains et la Sainte Famille mais, derrière cet apparent désordre, apparaissaient bientôt des hiérarchies précises, une étiquette sans concessions et une cohérence très pensée. Les Byzantins et les Ottomans furent d'abord des administrateurs. Leur luxe récompensait leur sens de l'État et leur goût pour l'harmonie. Car, au fond, si Constantinople fascine depuis deux mille ans, c'est avant tout parce qu'on y a toujours entretenu mieux qu'ailleurs une certaine idée de la grandeur et de la beauté. Posées au-dessus de la Corne d'Or que sillonnent des centaines d'embarcations, des nuées de dômes semblent suspendus au ciel par les longs fils de leurs minarets et les cous puissants de leurs clochers. Telles des mouettes blanches alignées le long du rivage, palais officiels et villas de rêve se succèdent sur la côte. Partout, on se croirait sur le balcon d'un palace. Istanbul est un paradis à grand spectacle. Il y a tant de collines qu'on finit toujours par apercevoir la mer. Comme s'il y avait quinze Montmartre à Paris tous ouverts sur le golfe de Saint-Tropez. Ce n'est pas grandiose, c'est surnaturel. À Topkapi, passé la salle du Divan d'où les vizirs gouvernaient la Méditerranée et la mer Noire, les terrasses de marbre et les pavillons en dentelles de pierre mènent au Trésor inépuisable où, après la croix du Christ et la couronne d'épines, on a vénéré, entre mille émeraudes plus grosses que le Ritz, une empreinte de pied du Prophète, ses sandales, quelques cheveux, des poils de sa barbe et même un peu de poussière de son tombeau. À l'époque, tout faisait farine dans le moulin des trafiquants de reliques et Istanbul était le marché le plus prospère de la Terre. Au Grand Bazar, le premier centre commercial géant de l'Histoire, des kilomètres de galeries fastueuses semblaient sculptées, peintes et éclairées comme des entrées de palais. Rien n'a changé. Aujourd'hui, entre deux groupes de touristes venus du Japon ou du Brésil, on tombe sur des femmes voilées qui négocient un sac Tod's, parlent au téléphone sur un portable Nokia ou transforment une écharpe Burberry en tchador. Il y a longtemps que la Turquie a ôté les babouches des ayatollahs pour enfiler les mules Gucci et arpenter le monde des branchés. Istanbul a toujours été une fête. On n'est pas en Afghanistan mais dans une immense cité qui, depuis deux mille ans, vit au cœur du pouvoir international. La religion y est une épice dans le grand plat de la politique, rien de plus.

Ici l'islam se dissout dans Internet comme le thé vert dans l'eau bouillante et la movida du Bosphore n'a rien à envier à celle de Madrid. La nuit, c'est Babylone. Dans un déluge de décibels, les filles secouent leurs bijoux sur les longues pistes de danse étirées au bord du rivage qui miroite sous un croissant de lune derrière les baies vitrées. Aucune danse du ventre sur les pistes, on se croirait plutôt chez Dior pendant un défilé Galliano. Les *wonder women* d'Istanbul valent celles de Manhattan : cadres sup irréprochables le jour, *material girls* déchaînées la nuit. Dire qu'au XIXᵉ siècle on appelait « ottomanes » les lits de repos pour dames aux camélias alanguies. Les vraies sont survoltées. Et super sexy. À la télévision, ils ne se lassent pas de montrer les tournois de volley des mahominettes du club de Galatasaray. Avec leurs petits maillots moulants comme des strings, elles ont l'air d'entraîneuses à Las Vegas. Je le répète : Istanbul n'est pas La Mecque. On est en Europe dans une capitale qui s'éclate. Et on le voit au premier coup d'œil. Les siècles passent, puis les millénaires et rien ne change : Istanbul se veut toujours aussi jeune que le fut Constantinople. C'est une manie chez elle, elle refuse de tourner la page.

Ne parlez pas trop du passé à cette vieille Castafiore couverte de gloire et de souvenirs. Elle préfère toujours les projets d'avenir. C'est ainsi avec les séductrices incorrigibles : il faut qu'elles testent sans fin leur effet sur le miroir. Et le problème d'Istanbul reste celui de Byzance : cette ville sublime s'interroge sur sa vraie nature. Est-elle européenne comme elle le vit ou asiatique comme on le lui dit ? La réponse est évidente : sans elle, il n'y aurait pas eu d'Europe et l'Europe sans elle serait comme un enfant orphelin. Pourtant l'Europe s'inquiète. Elle voit ce qu'elle a toujours vu : une ville équivoque et en équilibre instable aux portes de laquelle s'agitent tous ceux qui lui font peur. Hier les Sarrasins et les Ottomans, aujourd'hui les Kurdes et les Géorgiens, les Tchétchènes et les Palestiniens, les chiites et les druzes... Qu'importe que le jour où la Turquie entrera dans l'Europe il y ait déjà des États musulmans comme la Bosnie ou l'Albanie pour l'accueillir. Qu'importe que de nombreux États, du Luxembourg à la Slovénie et des nations baltes à l'Irlande, aient moins d'habitants que les communautés musulmanes de France, d'Angleterre ou d'Allemagne. Qu'importe qu'il y ait bien moins de différences entre de Gaulle et Atatürk qu'il n'y en avait entre Clovis et Théodora. Qu'importe que ce qui sera un fardeau pour le budget de Bruxelles soit un Eldorado pour nos industriels... Nous quittons le champ du rationnel lorsque nous évoquons l'arrivée de la Turquie dans l'Europe. Et nous pénétrons dans le domaine de l'ignorance et du préjugé qui mènent fatalement à l'injustice et à l'erreur.

Songer qu'on pourrait fermer les portes de l'Europe au nez de Constantinople est un crime contre l'esprit, l'honnêteté et la reconnaissance. Voilà ce que ce livre entend démontrer. Sans plaidoirie mais en faisant défiler des images sublimes, bouleversantes et odieuses. Celles du passé. Le nôtre.

CONSTANTIN
TOUS LES CHEMINS
NE MÈNENT PLUS À ROME

Malgré le nom de la ville, tout ne commence pas avec Constantin. Quand il décide d'en faire sa capitale, elle a déjà un long passé derrière elle. Il y a longtemps que les Grecs ont compris que, placée là, une citadelle suffirait à bloquer tout le Pont-Euxin – c'est l'ancien nom de la mer Noire. Ils l'ont donc bâtie. Et elle a prospéré. Déjà, du temps de Périclès, une acropole de marbre était dressée là où, neuf cents ans plus tard, on bâtirait Sainte-Sophie. Depuis alternent périodes de prospérité et phases d'assoupissement. La paix romaine a plutôt porté chance à la cité grecque. Byzance est la porte d'entrée de la Bithynie, une des provinces les plus riches de l'Empire. Le gouvernement central veille à son entretien. Bien que la Corne d'Or soit un réservoir inépuisable d'eau douce grâce aux petites rivières qui s'y jettent, l'empereur Hadrien a fait construire un aqueduc pour alimenter les nymphées (c'est le nom local des fontaines) de chaque quartier. Et Valens, un de ses successeurs, en a élevé un second, encore plus grand. Byzance n'est pas une métropole mais c'est une jolie ville de province. Facile à défendre et tellement bien équipée en réservoirs qu'un ingénieur de Constantin crut même qu'elle était bâtie sur pilotis. C'est dire qu'ici, en l'an 300, la vie est douce.

Bien plus agréable que dans la plupart des autres régions impériales.

Il faut admettre que ce n'est pas difficile. L'Empire est alors divisé en quatre préfectures. Celle d'Orient comprend l'Égypte, la Cyrénaïque (c'est-à-dire la Libye), la Palestine, la Syrie, le Pont, l'Asie antérieure et la Thrace. C'est la seule prospère. Les autres sont en pleine déliquescence. Celle de l'Illyrie regroupe la Grèce et les Balkans. Celle d'Italie gère l'Italie, la Sicile, la Mauritanie (c'est-à-dire l'Afrique du Nord) et la Dalmatie. Celle des Gaules enfin administre la Gaule, la Grande-Bretagne, l'Espagne et le Maroc. Les hauts fonctionnaires dépêchés de Rome s'arrachent les cheveux. La faillite menace partout. La monnaie a perdu toute valeur. On en revient au troc. Les impôts sont payés en nature. Les petits paysans sont ruinés. Partout s'impose le règne des propriétés immenses que l'on n'entretient pas. Les friches s'étendent et les ennemis frappent à toutes les portes à la fois. On ne parle plus des Barbares ; désormais, ils ont des noms. Il y a les Alamans et les Francs, les Goths et les Lyciens, les Germains et les Vandales, les Saxons et les Pictes. Et ainsi de suite. Quand on a repoussé les uns, il faut colmater les brèches ouvertes par les autres. Et ne parlons pas de ces bons vieux Perses. Ils viennent d'infliger à Rome la honte la plus inexpiable de son histoire. Non seulement ils ont écrasé l'empereur Valérien mais ils l'ont réduit en esclavage puis, l'ayant tué, l'ont empaillé ! C'était en 260. On a cru avoir touché le fond. Erreur. Depuis tout s'est aggravé. Des colonnes d'Hercule à Jérusalem, partout, sans cesse, il faut aller éteindre les feux qui se rallument. Rome n'est plus dans Rome. On se précipite à tout moment aux frontières. Les empereurs successifs ne savent plus où donner de la tête.

Comment s'appelle le malheureux élu en l'an 284 ? Dioclétien. C'est le dernier géant de l'immense aventure commencée par Romulus et Remus. Fils d'un greffier, il est arrivé au sommet grâce à la bienveillance d'Aurélien qui a repéré son génie militaire. Seulement voilà, il n'y croit plus. Il pressent que les jours de Rome sont comptés. Lui-même a envie de baisser les bras. Il va bientôt abandonner le pouvoir. D'ores et déjà, il ne supporte plus l'atmosphère de déconfiture universelle qui imprègne la capitale officielle. Quand il n'est pas sur le front, au lieu de regagner le Capitole, il se précipite à Nicomédie, sa capitale à lui, la grande ville de Bithynie, au nord-ouest de l'Anatolie, assez près de Byzance. La province d'Orient le calme. Il fait beau, l'administration fonctionne, la monnaie légale a toujours cours, il peut se prendre pour un véritable empereur. Quant au reste de ses terres, il décide d'en déléguer la souveraineté. Soudain, en l'an 293, stupeur : il instaure un nouveau système de gouvernement. La tétrarchie ! Désormais, il y aura quatre souverains à Rome : deux Augustes et deux Césars. Pour lui-même, à tout seigneur tout honneur, Dioclétien s'attribue l'Orient, où règnent, à ses côtés, le soleil et l'ordre. À Maximien, son vieux compagnon d'armes, il attribue l'Italie. Et à ses deux meilleurs généraux, le reste dont il ne souhaite plus entendre parler : Galère aura l'Illyrie, la frontière sur le Danube et les barbares qui vont avec, tandis que Constance reçoit la Gaule, l'Espagne, la Grande-Bretagne et leurs propres envahisseurs. Bonne chance !

Ça y est. L'épopée byzantine peut commencer. Constantin est entré dans les livres d'Histoire : c'est le fils de Constance que ses troupes ont surnommé Constance Chlore tant son visage et son corps restaient pâles malgré des années et des années de bivouac sur les bords septentrionaux de l'Empire. Mince, maigre même, les yeux noirs et profonds, l'air presque fragile au milieu de ses centurions rubiconds et carrés, Constance ne boit pas, ne hausse pas le ton et n'intrigue pas mais ne cède jamais. En le nommant, Dioclétien récompense son efficacité de général invaincu et salue un style d'homme que son grand rival, Galère, déteste. Lui, c'est l'inverse parfait : énorme, il a le cou large comme un taureau et une barbe broussailleuse lui mange un visage rouge comme la viande. Une tignasse coiffe le tout qu'il ne cesse de gratter. On le dirait tout juste sorti des bois. Pour parfaire le tableau, il ne se déplace jamais sans deux ours que ses hommes tiennent en laisse. Souvent, il leur offre un prisonnier. Ça le distrait. Constance et lui se détestent. Dioclétien s'en réjouit. Dès que l'un s'écartera de la ligne qu'il a définie, l'autre l'en informera. De toute manière ses corégents ne se feront pas la guerre car il a trouvé un moyen de les désarmer : leurs clans vont s'unir. Constance est prié de quitter la mère de Constantin pour épouser Théodora, la fille de Maximien qui règne sur l'Italie. Constantin, lui, est fiancé à Fausta, une autre fille de Maximien et devient ainsi le beau-frère de son père. Galère, enfin, convole avec Valeria, la fille de Dioclétien. C'est d'une confusion sans nom et cela donnera demain à une ribambelle d'enfants des droits sur l'Empire mais, pour l'instant, cela assure à Dioclétien une vieillesse paisible. Pendant que les autres Augustes guerroieront en Occident, il jouira d'un luxe de satrape dans son palais de Nicomédie. À tout hasard, pour calmer les velléités de révolte, il se charge d'éduquer lui-même les enfants de Constance, Galère et Maximien. Bref, il les prend en otages. Personne ne proteste. Constantin ne se fait pas remarquer. Du moins par Dioclétien. Parce que sa silhouette, en revanche, allume vite des lueurs égrillardes dans les yeux de Prisca, l'impératrice.

Elle est encore jeune et belle. Dans ses appartements luxueux, la civilisation romaine déploie des trésors de raffinement. Les murs en sont couverts de fresques et les sols de mosaïques. Comme un leitmotiv, partout, reviennent des poissons. En grec, le mot se dit *iktos*. Or IK signifie pour les chrétiens Jesus Kristos. Prisca est chrétienne. En grand secret car Dioclétien, son mari, leur est violemment hostile. Il ne supporte pas cette religion où les loups tremblent devant les agneaux. Un chrétien, à ses yeux, est plus ou moins le fruit pourri du croisement d'un eunuque et d'une esclave. Et puis, leur goût de l'ascèse l'inquiète ! Comment peut-on préférer la paille aux matelas de plumes, le jeûne aux banquets et la prière aux femmes ? Ces baptisés sont complètement débaptisés ! Du reste, il s'en méfie d'autant plus que tous ne sont pas si mystiques que ça. Les évêques, eux, ne se nourrissent pas de prières et installent malgré lui une administration parallèle. Ce sont des ambitieux qui ont simplement remplacé les statues de Jupiter par une croix. Et, dans son dos, ils sabotent les bases de l'Empire. Chaque jour, il apprend que tel ou tel centurion ou que tel ou tel préfet a refusé d'obéir aux ordres pour ne pas heurter les impératifs de sa conscience. C'est une sédition générale et menaçante. Face aux Barbares, on a besoin de boucliers, pas de passoires psalmodiantes. Dioclétien est décidé à briser une fois pour toutes cette secte diabolique. En 303, il déclenche donc une violente persécution contre l'Église. Elle durera jusqu'à sa mort en 313. Sans protestation publique de Constantin.

L'amour l'a rendu chrétien mais le jeune ambitieux est d'abord prudent. Inutile de crier sur les toits qu'il est l'amant de l'impératrice. Posséder une petite friandise sexuelle au sommet absolu de l'État est un tel atout que lui et elle se montrent d'une parfaite discrétion sur cette passion commune pour le Christ et, respective, de l'un pour l'autre. Du reste, les années passent, l'âge adulte arrive et Constantin, à son tour, part souvent en campagne. Avec Dioclétien en Égypte, avec son père en Grande-Bretagne, avec Galère contre les Perses, avec Maximien en Afrique et en Espagne... Il est sur tous les fronts et, partout, sa compétence saute aux yeux. Constantin a l'étoffe des héros. L'armée commence à le savoir et Dioclétien à l'apprécier. Pour calmer les appréhensions de ce dernier, Constantin s'est d'ailleurs mis en ménage avec une dame de compagnie de la Cour, Minervina, à laquelle il a fait un fils, Crispus. Ce jeune prince est tout à fait rassurant. Quand commence la guerre civile, il a l'image d'un général efficace et d'un homme maître de ses nerfs.

Dioclétien, en effet, abdique et obtient que Maximien en fasse autant. Désormais à la tête de l'Empire trônent Galère, le fou furieux, et Constance Chlore. Deux Césars ont été nommés à leurs côtés, Sévère et Maximin Daia, des officiers obscurs, compagnons de beuverie de Galère, ses âmes damnées. Pour Constantin, l'heure est grave : il se sait perdu.

Donc, il s'enfuit et rejoint son père au nord de la Gaule, à Boulogne. Cette fois-ci, les dés sont jetés. Il va tenter de s'emparer de l'Empire tout entier. Cela prendra dix ans et le miracle sera que les Barbares n'en profitent pas pour se jeter sur ses terres et ses villes si mal défendues.

À la mort de Constance Chlore, à York, en Grande-Bretagne, ses légions hissent Constantin sur le pavois et le proclament empereur. Il entre en guerre contre Maxence et s'empare de Rome. Entre-temps, comme Licinius a fait main basse sur l'Orient, Constantin lui offre en mariage Constantia, sa demi-sœur. Personne ne comprend rien à ces alliances de circonstance qui se terminent toutes sur les champs de bataille. Et qui, toutes, s'achèvent par la victoire de Constantin. Au soulagement général.

Dès son entrée dans Rome, la légende s'est emparée de lui. Pour conquérir la capitale de Maxence, il a dû, en effet, mener bataille et le combat a eu lieu aux portes de la ville, sur le pont Milvius. Pour frapper les esprits et être facilement identifiable par ses troupes, Constantin s'était vêtu en Apollon. Monté sur un coursier blanc, il avait enfilé une armure en argent qui brillait au soleil, son bouclier était en or et son casque était serti de pierreries. On ne faisait pas plus païen. Peu importe. À peine la victoire acquise, les chrétiens ont répandu dans l'Empire la rumeur que Constantin avait lancé l'attaque à l'instant où, au-dessus du soleil, il aurait vu apparaître la croix et ces mots : *« In hoc signo vinces »* (« par ce signe, tu vaincras »). L'information finit par revenir aux oreilles de Constantin qui, d'abord, en rit puis décide de ne pas démentir. L'Empire est assez disloqué comme ça pour ne pas en rajouter. Puisque les élites guerroient, que le peuple, lui, soit sage. En 313, à Milan, il publie donc un édit de tolérance. Désormais, dans l'Empire, chacun sera libre de suivre la religion de son choix. Les chrétiens ne sont plus proscrits. On ne leur demande qu'une chose : qu'ils laissent à César ce qui revient à César. Et, surtout, qu'ils admettent que César, désormais, s'appelle Constantin. Bientôt, enfin, il est le seul.

Tout se passe de manière inexorable. Un rouleau compresseur écrase les têtes qui dépassent. Maximien en 310, Galère en 311, Maxence en 312, et, en 313, Maximin Daia, éliminé par Licinius. Enfin, en 323, c'est acquis : Licinius, son dernier rival, est écrasé à Andrinople où il s'est porté pour fermer la grille de l'Empire d'Orient. La page écrite par Dioclétien est tournée : l'Empire romain est à nouveau uni. Seulement l'histoire est toujours la même : pour que rien ne change, il faut d'abord que tout change. Puisque le christianisme est désormais la religion principale de l'Empire, reste à accomplir le sacrilège suprême : changer la capitale. Constantin décide donc de faire de Byzance le nouveau centre du monde. Première étape : il convoque tous les architectes, les artisans et les artistes de ses terres. C'est un chantier colossal. Le chant du cygne de l'Empire romain et le premier des travaux d'Hercule du Byzantin.

Toutes les ressources disponibles sont mises à contribution. Et, d'abord, inépuisable, son autorité. La Cour, l'administration, les bureaux et les hauts fonctionnaires reçoivent l'ordre de transférer leurs pénates à Byzance. Ensuite intervient la flatterie. Constantin promet distinctions, récompenses, villas et propriétés aux grandes familles sénatoriales qui quitteront Rome pour les rives du Bosphore. Cela fonctionne à merveille. Elles ne se font pas prier. La métropole de Pompée et de Néron n'est plus ce qu'elle a été. La malaria y exerce des ravages, les mendiants pullulent, l'herbe a envahi le Forum, les temples des anciens dieux s'écroulent et des quartiers entiers semblent à l'abandon. La richesse a disparu mais l'intelligence aussi. Les intellectuels ont fui. Les académies et les bibliothèques des bords du Tibre sont désertées. L'intelligentsia de l'Empire étudie et enseigne désormais à Alexandrie et à Antioche. L'Asie est le cœur économique et le cerveau de l'Empire. Ses plus brillants esprits vont vite percevoir où siège dorénavant le pouvoir de l'argent – et les idées. De Gaule aussi, d'ailleurs, et d'Afrique ou d'Hispanie, les ambitieux arrivent. Ils savent que Constantin, en bon fils de Constance, a une faiblesse pour les gens de ces régions où ils ont servi l'État et bâti leur fortune. En quelques années, les trésors de l'Empire prennent la route du nouvel Eldorado. Tous les chemins ne mènent plus à Rome. Mais à Byzance.

Et, d'emblée, Byzance, c'est Byzance ! Constantin s'attribue le rôle d'architecte en chef. Pour commencer, il décide que la ville va tripler de superficie. Ensuite, il ordonne à chaque province de lui expédier les pièces les plus remarquables de son propre urbanisme. C'est une véritable razzia d'État. D'Égypte proviennent des obélisques et des troupeaux de sphinx. La Grèce est littéralement pillée. Delphes doit se séparer de sa légendaire « colonne serpentine » érigée dans le temple d'Apollon avec les fonds des trente cités alliées contre les Perses. Ses trois têtes de cobra en bronze veilleront désormais sur les rives du Bosphore. À portée de vue, ces serpents pourront tenir à l'œil un sublime quadrige, également arraché à Delphes, pour présider aux futures courses de l'Hippodrome – que les Vénitiens, à leur tour, au XIIIe siècle, confisqueront. Les exigences de Constantin n'en finissent pas. Des centaines de statues sont descellées et expédiées dans la nouvelle capitale. Rome doit se séparer du Milliaire d'or, cette immense colonne qui, en plein cœur de la ville, marquait le point zéro de toutes les distances en milles. On envoie des ouvriers dans chaque ville et chaque forteresse abandonnée dont on démonte les anciens arcs de triomphe que Byzance se charge de redresser. Inutile de préciser que Jérusalem est mise à contribution. La ville est priée de trouver sans tarder quelques reliques mémorables. La moisson dépasse toutes les espérances. La croix sur laquelle est mort le Christ réapparaît. Et elle n'est pas seule. Sans doute l'Esprit-Saint s'en mêle-t-il. On trouve également les ossements de plusieurs apôtres. Et même – là, on navigue en pleine superstition – la cognée dont Noé se servit pour construire son arche ! Et ce n'est pas fini. On met également la main sur quelques-unes des miches conçues par Jésus lors du miracle de la multiplication des pains. Merveille : elles sont encore dans leurs paniers ! Mieux encore : on voit réapparaître le pot d'onguent dont Marie-Madeleine s'est servie pour masser le Christ.

Jamais l'humanité n'a assisté à un chantier si grandiose. La Muraille de Chine et les pyramides ont déplacé moins de foules. Constantin n'a même pas besoin d'employer la force. Quelques mesures fiscales suffisent. D'abord les riches : une loi instituant que tous les propriétaires de terres impériales en Asie devront posséder une résidence secondaire à Byzance, ils accourent. Ensuite les pauvres : on rétablit l'annone qui consiste à distribuer gratuitement des vivres à tous les nécessiteux. La plèbe romaine en a profité pendant des siècles ; désormais la manne arrosera les pauvres Byzantins grâce au grenier inépuisable de l'Égypte. Chaque jour, le nombre des immigrants augmente. Et, parmi eux, des maçons, des mosaïstes, des doreurs, des marbriers, des tailleurs de pierre, des vitriers... L'entreprise de Constantin tourne au miracle. En dix ans, une ville sublime sort de terre. Et, pour une fois, en bon ordre !

Rien à voir, en effet, avec les cités antiques habituelles conçues de bric et de broc, sans plan préalable et pleine de recoins malfamés et inaccessibles qui prennent feu à la moindre étincelle. Byzance est la première métropole moderne. Une fois décidé où se situeront le forum, le Sénat, l'Hippodrome, le palais impérial, les bibliothèques, les ministères, les résidences officielles et les églises, on trace des avenues pour joindre les uns aux autres. Il s'agit de faire plus beau et plus propre encore qu'Alexandrie, à l'époque « Merveille des merveilles » de la Méditerranée. Une avenue centrale, la Médiane, parcourt toute la ville, dessert ses quartiers et mène d'un haut lieu à l'autre. Pendant mille ans, elle va fasciner le monde. Tout au long, sur des kilomètres, un portique à deux étages l'encadre, où se tiennent boutiques et banques. Chaque puissant empereur voudra l'embellir en l'ornant d'une place publique, carrée, rectangulaire ou ovale mais aucun ne bâtira un forum plus grandiose que celui de Constantin lui-même. De forme ovale et pavé de marbres aux couleurs diverses, il stupéfie ses contemporains par son luxe assorti à la ville. Car Byzance, dès le premier jour, n'est pas seulement Byzance : c'est aussi Capoue. Des centaines de fontaines, des citernes dans chaque quartier, des aqueducs et, surtout, des établissements de bains somptueux. On vient dans la nouvelle capitale pour faire fortune et, immédiatement, pour la dilapider. Avant tout, Byzance est une fête. Mais, bien entendu, une fête chrétienne car, le 11 mai 330, lorsque la nouvelle capitale est officiellement inaugurée, Constantin place sa ville sous la protection de la Vierge Marie. C'est elle qui, pendant mille ans, va veiller sur sa métropole chérie et c'est à elle qu'on fera toujours appel dans les heures graves. Lors des sièges, son icône sacrée sera inlassablement promenée sur les remparts comme, à Carthage, aux heures graves, on présentait au peuple le voile de Tanit. Mais qui parle d'heures graves ? En 330, personne n'y songe. La ville est la plus puissante du monde et, à sa tête, règne le monarque le plus sage de l'Histoire. Le plus déterminé, surtout. Rien ne lui a jamais résisté – pas même son propre cœur. Quand il a découvert que son fils Crispus avait une liaison avec sa seconde épouse Fausta, il a fait égorger le premier et a enfermé la seconde dans sa salle de bains qu'il a fait chauffer jusqu'à ébouillanter sa chère épouse. Aucun doute : cet empereur sait ce qu'il veut. À présent qu'il va mourir, il a encore une tâche à accomplir : recevoir le baptême. On peut dire qu'il aura attendu jusqu'au bout pour s'offrir ce sacrement qui entraîne une expiation totale et absolue des péchés. C'était habile : nettoyée de fond en comble, son âme put filer directement au paradis. Tel était son calcul et, comme d'habitude, cela a certainement marché. À Byzance, en tout cas, personne n'en douta et ses obsèques furent grandioses.

Placé dans un cercueil d'or, son corps traversa toute la ville escorté par des régiments de lanciers lourds menés par le nouvel empereur, son fils Constance. Arrivée à la toute nouvelle église des Saints-Apôtres, sa dépouille fut placée au centre des douze sarcophages où reposaient les compagnons du Christ – eux aussi tous retrouvés et ramenés à Byzance ! Six à sa droite, six à sa gauche, c'est un véritable dieu qui allait désormais reposer entre les siens. En plein paradis. Chez lui, à Byzance !

THÉODORA
LA PUTAIN DE L'EMPIRE

Très vite, le monde fut au courant : la nouvelle capitale de l'univers s'appelait Constantinople. Jusqu'en Chine, on l'avait baptisée la « Ville des villes ». L'argent afflua. Grâce d'abord à la nouvelle monnaie impériale : le solidus. Constantin en avait fixé la teneur à 4,48 grammes d'or. En somme, il fallait 72 solidi pour obtenir 1 livre d'or. Comme l'argent valait un douzième de l'or, on fixa le montant de la seliqua d'argent à 2,24 grammes – soit un vingt-quatrième du solidus. C'était clair, l'administration veillait et le système allait durer mille ans. Alors que le monde se déchirait entre royaumes moribonds et hordes barbares incohérentes, une ville assurait à tous les riches de l'univers un havre de sécurité pour leurs biens. Cette monnaie fut le plus solide rempart de la capitale. Même ses pires ennemis redoutaient de l'abattre. Ils n'auraient plus su où placer le fruit de leurs rapines et de leurs conquêtes. La détruire eut été comme, aujourd'hui, anéantir la Suisse. Mieux valait lui faire peur, négocier et, éventuellement, la taxer d'un tribut annuel. Cela arriva souvent. Byzance acceptait toujours de payer. Ses trésors semblaient inépuisables. On ne prenait jamais sa solvabilité en défaut. Il faut dire que, dans un monde livré au chaos, Byzance s'était soumis à un dieu entièrement nouveau : l'administration.

L'Empire était réparti en provinces, divisées en préfectures, animées par un diocèse. Dans chaque ville, les fonctionnaires impériaux, les administrateurs régionaux et le clergé se répartissaient les tâches. On levait l'impôt, on ordonnait les grands travaux, on créait des écoles, on nourrissait les indigents. Si une guerre ravageait une province, on laissait passer l'orage puis on rebâtissait et on réorganisait. Les Wisigoths, les Ostrogoths, les Huns, les Slaves menaient des razzias puis partaient flamber leurs gains sans jamais jeter les fondations d'une force durable. Pendant qu'ils festoyaient, les bureaux de Byzance réunissaient des fonds, puis envoyaient de nouveaux responsables. Aucune victoire ennemie n'était solide, aucune blessure byzantine mortelle. Le monde se penchait sur chaque plaie pour la cicatriser avec de larges couches d'or. Tout le commerce de l'époque finissait par s'amarrer au long des docks de la Corne d'Or. Dès le Vᵉ siècle, les quais du port s'étiraient sur plus de quatre kilomètres. C'était le grenier de l'univers, sa banque, sa bijouterie et sa Bourse.

La mer Noire livrait esclaves, peaux ou cuir, et achetait étoffes, bijoux et vins. L'Égypte et la Syrie alimentaient la ville en blé et en céréales. L'Anatolie fournissait les chevaux et l'Afrique les chameaux. L'élevage était prospère. Dans tout l'Empire, on regorgeait de chèvres, de moutons et de porcs, de blé, de vignes et d'oliviers. Des Indes arrivaient par la mer Rouge les épices, l'encens et la soie. L'Éthiopie exportait son ivoire et la Bretagne fournissait de l'étain. Au port, on s'approvisionnait en myrrhe et en résine balsamique d'Arabie, en peaux de léopard de Nubie, en verrerie d'Alexandrie, en vases d'albâtre d'Égypte, en coton du Yémen, en laine du Pont-Euxin, en dattes de Carthage... Sur chaque matière première était prélevée une taxe et, bientôt, la plus précieuse d'entre elles, la soie, se transforma en fleuve d'argent pour le Trésor impérial. Quand des marchands volèrent des vers en Chine, le gouvernement s'en attribua le monopole et, pour des siècles, Constantinople se transforma en fournisseur exclusif de l'Occident. Les marchands byzantins constituaient la première et la plus efficace armée de l'Empire. Leurs agents travaillaient dans les pays ennemis et en connaissaient mieux les faiblesses et les divisions que leurs propres rois. À peine une tribu guerrière s'attaquait-elle à Byzance que celle-ci finançait des séditions en son propre sein. Le solidus était une arme bien plus fiable que l'épée ou l'arc, sa source avait une adresse, une seule : Byzance. Quand, après des siècles de triomphes, la victoire changera de camp, c'est parce que l'or aura élu un autre coffre de prédilection : ce sera Venise. Il faudra des marchands pour vaincre Byzance. C'est normal : il s'agissait du premier empire commercial de l'Histoire. Mais ces tristes revers sont encore loin. Au Ve siècle, Byzance est à l'aube de son bonheur. Quand elle ne compte pas ses solidi, elle les dépense. Sans compter !

Soyons clairs : l'État est chrétien mais la société ne l'est pas encore. Partout on célèbre toujours les cultes anciens. Et puis les marchands qui accourent du monde entier ont leurs propres dieux. Le commerce s'accommode mal d'une trop grande intransigeance morale. Les débats doctrinaux agitent les abbayes mais la cité, elle, s'amuse. Byzance est catho, *ma non troppo*. Aux caravanes arrivées d'Orient, aux cavaliers barbares venus s'amuser, aux équipages en bordée, aux promeneurs et aux commerçants locaux, elle offre des jeux plus volontiers que des messes. Ses courtisanes règnent sur leurs nuits et, dans la journée, on rôde sans fin dans les superbes et licencieux thermes de chaque quartier. Les plus célèbres, ceux de Zeuxippos, ont effacé en somptuosité les thermes de Caracalla qui avaient fait de Rome la nouvelle Babylone. Ils sont gigantesques. Des forêts de colonnes supportent des cieux de coupoles et on se promène sur des hectares de marbres venus de toutes les contrées connues ou inconnues : malachite, onyx blond, serpentine, jaspe... Toutes les couleurs se mêlent, toutes les décorations et, surtout, toutes les peaux. On ne vient pas seulement pour nager et se faire masser. Des dizaines de marchands proposent leurs repas, leurs parfums ou leur cheptel. Quelques dizaines de jeunes gens s'entraînent nus au milieu de tous mais servent surtout de friandises pour l'œil. Une fois affamés par ces appâts bien huilés, les visiteurs s'isolent dans les centaines de niches avec les prostitués de tous sexes qui mènent ici commerce. Qui aurait envie de détruire une ville si plaisante ? Où iraient-ils s'amuser, ces pauvres Goths, si on fermait le grand lupanar du Bosphore ? Certainement pas chez eux. Alors qu'à Constantinople, la noce est chaque jour à l'affiche ! C'est simple d'ailleurs : alors qu'Athènes a eu l'Agora et Rome le Forum, Byzance a l'Hippodrome. C'est le cœur de la ville. Gigantesque, il mesure 450 mètres de long et 120 de large. Sa piste fait 400 mètres. Cent mille spectateurs peuvent s'entasser sur ses gradins. On dirait une montagne. Des degrés les plus élevés, on aperçoit la mer et ses nuées de voiles. L'indignation des patriarches a eu raison des combats de gladiateurs mais le peuple s'est donné corps et âme à une nouvelle passion : les courses de chars. On parie des sommes folles sur les cochers venus s'affronter d'Alexandrie, d'Antioche ou de Carthage. Les enjeux donnent parfois lieu à des émeutes. Deux grands clans se partagent les gradins et la cité : les Bleus et les Verts. Rien n'est plus sérieux et l'État veille. Comme il y avait à Rome des tribuns de la plèbe, le palais nomme lui-même les chefs des deux grandes factions et leur confie des tâches officielles telles que servir dans la police urbaine et veiller à la construction, puis à l'entretien des murailles extérieures. Les Bleus (et leur sous-parti, les Blancs) sont plutôt favorables à l'aristocratie, aux grands propriétaires terriens et à l'orthodoxie religieuse grecque ; par réaction, les Verts (et leur sous-parti, les Rouges) soutiennent volontiers les marchands et les industriels, les intérêts de la ville et les tendances plus ou moins hérétiques en vogue à Alexandrie. Sans, pour autant, que les positions soient figées. Si un empereur augmente les impôts sur le commerce mais s'oppose sur la doctrine au patriarche de Constantinople, il séduira d'abord les Bleus, puis les Verts avant, sans doute, de se mettre à dos les uns et les autres. La vie politique à Byzance est la même que partout ailleurs : fondée sur des convictions initiales qui se transforment vite en alliances de circonstances. La seule originalité fondamentale réside dans le lieu des débats :

l'Hippodrome et il convient parfaitement à une civilisation joueuse et jouisseuse qui scintille au cœur d'un monde de brutes. Les tribunaux y siègent, les bourreaux y officient. Parfois on flambe un hérétique ; à l'occasion, un fonctionnaire vénal. À tout instant, il se passe quelque chose. Du reste, ici, aucune résolution n'est tranchée pour l'éternité. On discute de tout et tout est matière à débat. On n'ergote pas que sur la politique. Chaque faction a ses champions dans tous les domaines de la vie : les commerçants sont bleus ou verts comme le sont les acteurs, les musiciens, les peintres ou les mosaïstes. La sincérité n'a guère cours. On défend les couleurs du plus offrant. Éventuellement, on en change. C'est Byzance. Tout est possible. Et même que l'empereur soit une femme.

La première fut Eudoxie. D'une beauté stupéfiante, elle fut présentée à Arcadius, le fils de l'empereur Théodose, par un vieil eunuque qui comptait grâce à elle tirer les ficelles du prochain souverain, jeune homme fade que rien n'intéressait, surtout pas l'administration. Avec elle s'ouvre une lignée d'impératrices sensuelles et cruelles dont les doigts surchargés de bagues vont s'accrocher au pouvoir et le confisquer. Cynique, Eudoxie se coiffait exprès d'une frange longue jusqu'aux sourcils, jusque-là marque déposée des courtisanes. D'emblée, elle entra en conflit ouvert avec saint Jean Chrysostome, l'archevêque de Constantinople. Pour lui rappeler qui commandait, elle fit dresser une statue d'elle en argent devant la porte de Sainte-Sophie, puis elle l'exila. Le règne s'annonçait agité quand elle mourut d'une fausse couche.

Mais on n'en avait pas fini avec les illuminées. Après la furie, Constantinople put goûter aux charmes de la mystique. Pulchérie, la sœur de Théodose, successeur d'Arcadius, confisqua à son tour le pouvoir. La Cour se transforma en couvent. On priait toute la journée, on consacrait la soirée à tisser du linge pour les autels et tout passait par la très habile grenouille de bénitier qui sut détourner Attila de ses propres terres pour le jeter sur l'Occident. Quand Théodose mourut, affolée par la perspective de renoncer au pouvoir, elle épousa un vieux militaire du nom de Marcien et l'installa sur le trône en affirmant que son cher frère, sur son lit de mort, l'avait désigné. Résultat de cette longue communion avec l'Évangile, Pulchérie régna trente ans et Byzance prit goût à ces impératrices de l'ombre qui géraient l'Empire aussi bien, sinon mieux que leurs frères. Mais Byzance n'avait rien vu. Bientôt allait apparaître la plus inouïe des souveraines : Théodora.

Dans la constellation des femmes fatales arrivées au firmament par la voie lactée des orgies, elle brille comme la lune parmi les étoiles mais, à sa naissance, en l'an 500, aucun astre n'est penché vers elle. Nul dans sa famille n'a jamais circulé en litière armoriée. Sa mère n'a pas les jolies mains des patriciennes encombrées à ne rien faire. Elle est acrobate dans un cirque. Et son mari est dresseur d'ours pour les Bleus, à l'Hippodrome, où il leur arrive de loger sous une volée de marches. Seulement Théodora illumine très vite les pupilles de tous ceux qui la voient. Ses longs cheveux noirs brillants comme le satin, ses grands yeux sombres, vifs et malicieux, son teint pâle comme le lait qu'elle ne rehausse jamais d'aucun maquillage, la grâce voluptueuse de ses expressions, la douce langueur de ses gestes, tout est charme dans son corps menu et son visage de chipie enjouée. Dès douze ans, elle en est consciente. Tant mieux pour elle, d'ailleurs, car c'est l'âge auquel elle se retrouve orpheline. Sa mère succombe au cours d'une des émeutes religieuses qui agitent la ville lorsque celle-ci souhaite exprimer son mécontentement au gouvernement. Or, celui-ci exaspère le peuple. L'empereur, Anastase, est un vieux sénateur arrivé sur le trône à soixante ans grâce à une réputation de droiture et d'intégrité. Rien d'usurpé dans ces deux titres de gloire sauf qu'ils signifient d'abord parcimonie. Anastase déteste les dépenses. Il économise sur tout. À terme, cela arrangera tout le monde car, à sa mort, il laissera au Trésor impérial le solde inimaginable de trois cent vingt mille livres d'or. Pour l'instant, cela agace Byzance qui aime assumer son luxe. D'où ces émeutes et d'où la brutale solitude d'une petite fille qui, du jour au lendemain, doit faire face à la vie. Et y parvient sans peine. À quinze ans, Théodora est une des courtisanes les plus réputées de la ville. Elle est haute comme trois pommes, maigre comme un bâton de vanille et piquante comme le citron mais, pour finir, cette péronnelle moqueuse est infiniment appétissante et, de l'avis unanime de ceux qui y ont goûté, délicieuse. Je précise que ce ne sont pas les historiens officiels toujours prêts à embellir les dindons pour les voir en aigles qui évoquent ainsi Théodora. Même Procope, son pire ennemi, a accumulé les éloges dithy-rambiques sur son charme. Ainsi que des ragots croustillants qui la rendent pour toujours odieuse aux yeux des honnêtes gens (c'est-à-dire les plus ennuyeux, les plus conformistes et les plus hypocrites de la ville) et à jamais exquise dans la mémoire des gens honnêtes (c'est-à-dire ceux qui admettent qu'on est d'abord sur terre pour profiter de la vie). Un soir, sur une scène où elle venait de donner un spectacle de mime, seulement vêtue d'une espèce de string médiéval, elle s'étendit au sol et fit verser par ses *boys* sur son mont de Vénus des grains que deux oies vinrent picorer un à un. Byzance en parle encore. Mais Théodora n'était pas seulement une prémo-nition des Blue-Bell Girls, c'était aussi une reproduction théâ-trale de Messaline. La légende veut encore qu'un autre soir, lors d'un banquet qui dégénéra en marathon sexuel, elle ait écrasé la concurrence en épuisant dix invités, puis quinze domestiques avant de conclure par cet aveu dépité : « Quelle pitié que la nature ne m'ait dotée que de trois trous. Je me ferais bien percer les seins. J'ai encore faim. » Inutile de préciser que ce genre de formule trouve vite un public d'amateurs. La vivacité de son esprit était à la démesure de la souplesse des reins de Théodora. Tout le monde savait que de la plus profonde gorge de la ville sortaient aussi les remarques les plus fines. Au point que tous l'invitaient, intellectuels, patriciens, sages et même voyants. Plusieurs d'entre eux lui ayant annoncé un destin exceptionnel, elle crut l'heure des prédictions arrivée quand Hécébole, grand commis de l'État nommé gouverneur de Cyré-naïque, lui proposa de l'accompagner en mission : « Anastase disait-il, n'en a plus que pour quelques mois. Je vais aller remporter quelques victoires faciles contre les Vandales. Elles me vaudront la couronne et je déposerai celle de l'impératrice sur ton front. » Théodora y crut, vendit ses biens et sacrifia sa position à Constantinople au profit d'un vieil homosexuel qui se débarrassa d'elle en la vendant à un marchand d'esclaves. Par chance, il en aurait fallu plus pour la décourager et on la retrouva bientôt à Alexandrie. Mais, pour elle, ce furent trois années perdues.

Pour un autre, en revanche, ce furent celles de la montée vers la gloire. En effet, vers 515, un nom se mit à circuler en ville : Justinien. D'où sortait-il donc ? De nulle part ! Né dans un village d'Illyrie, il était venu à pied à Constantinople pour s'engager dans un régiment où Justin, un oncle à lui, servait comme officier. L'un et l'autre avaient de la boue aux pieds mais savaient se battre et Justin gravit vite les échelons de la hiérarchie. Dans un régime où chacun peut espérer la couronne impériale, passer pour un âne devient vite un atout. Justin en était un de première catégorie. Il se retrouva à la tête de l'armée. Aucun ministre ne craignait ce paysan mal dégrossi. Pour leur malheur, aucun ne vit que, derrière le balourd illettré, se tenait un aide de camp subtil, manœuvrier et d'une ambition sans bornes. Pour s'emparer de l'Empire, Justinien le confia d'abord à Justin. L'exploit est tel que la légende s'en est emparée. D'après elle, Anastase, indécis quant au neveu qu'il choisirait comme successeur, en invita deux à dîner et à dormir puis plaça un bijou sous l'oreiller de celui que le hasard désignerait ainsi. Mauvaise pioche : ses petits neveux étaient aussi les deux grandes tantes de la famille et couchèrent ensemble dans l'autre lit. Furieux, l'empereur décida que, le lendemain, il nommerait héritier le premier homme digne de ce nom qui pénétrerait dans sa chambre. Ce fut Justin, le chef de la garde.

C'est trop romanesque pour être vrai. Et les récits de l'époque racontent autrement la transition. Rien n'étant réglé à la mort de l'empereur, les Verts et les Bleus désignèrent chacun leur champion en quelques heures. Jean, un officier, pour les premiers, Patricius, un autre militaire, pour les seconds. La confusion était à son comble, le sang coulait déjà, l'Hippodrome grondait, le palais prit peur, on s'accorda sur le nom de celui qui n'inquiétait personne et que chacun manipulerait à sa guise : ce fut Justin. Autrement dit, Justinien. Du reste, il ne cacha pas son jeu. À peine son oncle sur le trône, il se fit nommer consul et, pour fêter cette distinction, offrit les jeux et les spectacles les plus somptueux qu'on ait jamais vus sur les rives du Bosphore. Mille ans après, on en parlait encore : leur coût s'éleva à trois mille sept cents livres d'or. L'hystérie atteignit de tels sommets qu'il fallut annuler les dernières courses de char. La ville était en transe. Elle avait perçu le message. Une ère nouvelle s'ouvrait. D'immenses aventures l'attendaient. Justinien serait le nouveau César. En effet !

Les choses étant claires pour tous, Justinien ne se hâta pas et laissa son oncle régner paisiblement tandis que lui-même plaçait ses hommes en prévision des grandes réformes qu'il comptait entreprendre. Le pouvoir sans l'intelligence est un cheval sans selle. L'intelligence sans le pouvoir est une selle sans cheval. Inculte, Justinien sut trouver dans les meilleures écoles les mandarins dont il avait besoin. Il y en eut trois qui restent inséparables de sa grandeur comme Sully et Olivier de Serres pavent la voie à la renommée, chez nous, d'Henri IV – ou comme Louvois et Colbert assurent celle de Louis XIV. Chargé des finances et de l'ordre public, Jean de Cappadoce, lui aussi de basse extraction, montra la plus grande rigueur pour obtenir de ses services les moyens financiers exigés par l'ambition sans bornes de son maître. Pour débroussailler la jungle des lois et des règlements issus des traditions grecques et romaines, Justinien appela Tribonien qui sabra sans pitié dans la jurisprudence et fixa le Code civil justinien qui, pour la première fois dans l'Histoire, arrêtait de façon indiscutable les droits et les devoirs de chaque citoyen – ainsi que les châtiments auxquels il s'exposait en enfreignant ces règles. Restait à trouver un stratège pour reconquérir l'Occident et refaire de la Méditerranée un lac impérial : ce fut Bélisaire, encore un homme nouveau, venu de Thrace, général inspiré et lieutenant éternellement fidèle même aux heures les plus frustrantes quand on se trouve confronté à l'ingratitude des maîtres qui ne pardonnent jamais rien à ceux auxquels ils doivent tout. Pour que le règne commence, il ne manquait que la future impératrice : ce fut Théodora. Justinien en était tombé amoureux fou. Toute la ville cancanait. Personne ne pouvait y croire. Surtout pas l'impératrice en titre.

Celle-là aussi, il fallait la voir pour le croire. Elle sentait encore la paille. Tous les parfums de l'Orient n'auraient pas effacé l'odeur de la ferme d'où un miracle l'avait sortie. Euphénie était esclave quand Justin l'avait rachetée pour l'épouser mais ce temps remontait loin et elle l'avait oublié. Comme ces anciennes femmes légères devenues sur le tard d'intransigeantes paroissiennes, cette parvenue jetait volontiers l'anathème sur les jeunes femmes tentées d'emprunter son propre parcours. Exaspérée, elle reprocha à Justin de salir à nouveau le nom qu'elle avait eu tant de mal à décrotter et s'indigna de voir arriver dans la famille une fille aux pieds encore poussiéreux. Cette pauvre paysanne ne connaissait même pas le nom de Périclès et ignorait que le plus grand des Grecs, lui aussi, avait vécu avec Aspasie, une courtisane. Ses pleurnicheries n'eurent aucun effet car, aux yeux de tous, c'était l'écurie qui se moquait de l'étable. Justin le sentit et donna son accord au mariage. Sur quoi, il ne lui restait plus qu'à mourir après neuf ans de règne paisible. Alors Théodora fut sacrée impératrice. Une audace dont Justinien fut vite récompensé. Cinq ans plus tard, en effet, sans elle, il aurait tout perdu.

Dès janvier 532, en effet, Byzance n'en peut plus de Justinien. Ses rêves d'empire universel passent complètement par-dessus la tête de ses sujets. Ils ne voient qu'une chose : le préfet du prétoire, Jean de Cappadoce, les accable d'impôts. Et l'empereur ne les écoute pas. À Constantinople, Justinien ne veut voir qu'une tête, la sienne. Les Verts et les Bleus n'ont qu'à obtempérer. Pas question de perdre des jours à négocier pour jouer les uns contre les autres. Un seul mot d'ordre : silence dans les rangs ! Il se croit encore à l'armée. Malheureusement pour lui, il est dans une grande ville raffinée et richissime qui supporte mal ces manières de soudard. Au début de l'année, à l'Hippodrome, alors que Justinien pénètre dans la loge impériale, des huées submergent l'enceinte. Puis, une fois lancées les courses, aucun des affrontements habituels. Les Verts et les Bleus poussent le même cri : « *Nika, nika* » (« gagne, gagne »). Qu'est-ce que cela signifie ? Que peu importe le vainqueur, vert ou bleu, du moment que c'est un homme du peuple ! Byzance hurle sa haine à l'empereur. Et, sur-le-champ, s'enflamme. C'est une traînée de poudre. L'église Sainte-Sophie toute proche est incendiée. Puis la résidence de Jean de Cappadoce, et le Sénat. Et Sainte-Irène... C'est la révolution. Justinien est atterré. Retranché dans le palais, il cède à toutes les revendications et limoge Jean de Cappadoce et Tribonien. Mais le calme ne revient pas. Au contraire. Plus il cède, plus ses adversaires surenchérissent. Pire encore : à l'Hippodrome, la foule assied sur le trône et couronne du collier d'or Hypatios, un vieux neveu d'Anastase. Le régime s'effondre. Justinien est en train de signer son abdication quand, soudain, en grande tenue d'impératrice, vêtue d'une lourde robe de soie blanche brodée d'or, couverte de la longue cape pourpre agrafée à ses épaules par une énorme fibule d'argent, apparaît Théodora. C'est Minerve tout entière à sa rage attachée.

« Bande de lâches. Avez-vous oublié d'où vous sortez ? Laissez-moi vous le rappeler : du ruisseau ! Et si vous ne vous souvenez pas de l'horreur de n'être rien, moi je ne l'ai pas effacée de ma mémoire. Et je ne retournerai pas là d'où je viens. Soyez des hommes. Luttez. Vous entendez reconquérir Rome et vous ne pouvez même pas traverser la rue ! Qu'est-ce qu'un empereur qui tremble. Je te le dis, Justinien, ce n'est personne. Reprends-toi et balaye-moi cette racaille. Donne un ordre, un seul, à Bélisaire et une mer de sang nettoiera la ville. Qu'as-tu à perdre ? Tout. Mais, d'abord, sache-le : moi ! La pourpre est le plus noble des suaires et je ne retirerai pas mes vêtements impériaux. Ni ne tolérerai que, jamais, on ne s'adresse à moi autrement que par mon titre. Tu t'appelles César. Eh bien, sois-le ! »

Et il le fut. Pour rompre le front ennemi, il convoqua les chefs bleus au palais tandis que Bélisaire bloquait toutes les issues de l'Hippodrome. Affolés à l'idée d'être trahis par leurs alliés, les Verts en pleine assemblée générale ne prirent pas garde aux mouvements de la troupe. Et ce fut le carnage. Le pire massacre civil de toute l'histoire de l'Empire romain. Trente mille morts. Plus un, le lendemain, Hypatios, que Justinien souhaitait gracier et que Théodora en personne envoya réfléchir à l'avenir au fond du Bosphore. Avec son frère, à tout hasard. Désormais les cartes étaient posées sur la table. L'État, c'était l'empereur. Et lui seul. Et cela pour encore trente-trois ans, jusqu'en 565. Dirigée d'une main de fer passée dans un gant d'argent, Byzance allait éblouir le monde.

À l'extérieur, d'abord. En moins d'un an, l'Afrique et Carthage furent reconquis et Gelimer, le roi vandale, défila enchaîné derrière le char de Bélisaire depuis la porte d'Or jusqu'au palais. Vint le tour de l'Italie, de la Sicile, de la Sardaigne et de la Corse. Puis celui du sud de l'Espagne. Un à un tous les dominos tombaient. On avait chassé les Goths vers l'Occident, on leur avait offert des royaumes, désormais on les massacrait et Byzance récupérait ses biens. Le triomphe était complet et, pendant toutes ces années, sur le Danube, les Slaves et les Bulgares bougèrent à peine. Même les Perses, les éternels et pires ennemis, observaient sans vraiment s'agiter. Dieu était avec Justinien. Il fut bientôt temps de l'en remercier. L'occasion, là encore, de proclamer à l'univers où se situait la « Ville des villes » !

Des chantiers s'ouvrirent dans tous les quartiers. On agrandit l'église des Saints-Apôtres qui servait de crypte impériale pour les souverains morts, on rebâtit Sainte-Irène, on éleva Saint-Serge-et-Bacchus mais, surtout, on offrit à la sagesse et à l'humanité le plus grand temple de la chrétienté : la nouvelle Sainte-Sophie. Ses deux architectes, Anthémios de Tralles et Isidore de Milet, ne reçurent qu'une instruction : « Effacer des mémoires le temple de Salomon. » Pour les siècles des siècles, Constantinople devait abriter le plus sublime hommage au seul vrai dieu, le sien. Il n'y aurait aucune limite aux fonds disponibles. Menés par cent maîtres maçons, dix mille ouvriers furent affectés au chantier. À nouveau, toutes les provinces de l'Empire furent mises à contribution. Éphèse envoya huit colonnes de brèche verte enlevées au temple de Diane (une des Sept Merveilles du monde), Rome se sépara de celles enlevées autrefois par Aurélien au temple de Jupiter à Baalbek. Athènes, Delos, Antioche, l'Égypte, toutes sacrifièrent des parcelles de leur patrimoine. L'Empire ne parlait que du chantier. Les mieux informés murmuraient que l'empereur avait reçu lui-même les plans d'un ange. Sans doute un ange coupable du péché d'orgueil. L'église de plan carré (70 × 75 mètres) était entièrement tapissée de marbre et on vit se dresser mètre après mètre la plus énorme coupole de tous les temps. Pour ce dôme, les briques venaient spécialement de Rhodes où on les moulait dans une terre si légère que douze d'entre elles pesaient le poids d'une normale. En permanence, des prêtres priaient entre les établis. Et ils furent entendus. À soixante mètres du sol apparut enfin la fameuse coupole (de 32 mètres de diamètre et 33 mètres de haut). Grâce à quarante fenêtres percées à sa base, elle semblait suspendue au ciel par une chaîne d'or. C'était sublime. Et le reste de l'édifice était assorti. Iconostase en argent massif, autel incrusté de pierres précieuses et, pour éclairer le déambulatoire des cinq cents prêtres attachés au sanctuaire, d'innombrables lampes en or...

Constantinople crut que jamais sa puissance ne pourrait être plus grande. Elle se trompait. Des siècles plus tard, les empereurs macédoniens allaient la faire resplendir plus encore. Mais eux seraient de vrais Byzantins et leur ville serait définitivement devenue une capitale grecque. Tandis que Justinien, dernier empereur romain, écorcha toute sa vie la langue de Socrate. Grâce à lui, cependant, l'adieu à la civilisation des Césars fut grandiose. Jamais une disparition ne parut plus magnifique.

UNE SPÉCIALITÉ LOCALE :
LA QUERELLE BYZANTINE

Justinien mort, le rêve continue. Constantinople prospère à l'abri de ses murailles. Même ces infranchissables barrières sont une œuvre d'art. Aucune ville n'en possède de si belles. Devant un bloc monumental de pierres taillées, on a tapissé les remparts de briques roses et de marbre blanc. Plutôt qu'une forteresse, on a l'impression d'admirer un palais. Et on a le temps d'en apprécier le raffinement car, une fois les portes closes, impossible de franchir l'obstacle. Des créneaux où flottent des quantités d'oriflammes, non seulement on surplombe une falaise montagneuse taillée et entretenue comme une façade princière mais on domine des douves larges comme un fleuve. Sur sept kilomètres, un fossé de géants joint, au nord, la Corne d'Or et, au sud, la mer de Marmara. La « Merveille des merveilles » est imprenable par voie terrestre. Trop de terrassements, de fossés, de retranchements, d'enceintes... Attila s'en est aperçu et n'a même pas tenté l'exploit. Ceux qui relèveront le défi s'en mordront les doigts – en général sous terre. Tous les deux cents mètres, une tour carrée s'avance de quelques dizaines de mètres pour tirer sans difficultés sur le revers des assaillants. Les défenseurs se sentent invulnérables. À juste titre. En 626, les Perses montés du sud et les Avars, venus d'Asie par la Russie, dressent le siège. Pendant tout l'été, leurs catapultes bombardent la muraille. En vain. Même désastre en 674 pour les Arabes qui, à l'époque, connaissent encore fort peu le goût de la défaite. Comprenant que l'attaque terrestre va les épuiser, ils construisent une flotte pour s'emparer de la ville par la mer. Mauvaise pioche : de ce côté-là aussi, la « Merveille des merveilles » tient un joker en main. Son nom : le feu grégeois, un liquide huileux, mélange de naphte et de résine, que rien ne peut éteindre une fois qu'il s'est enflammé, pas même l'eau. Venus d'un océan de sable, les Sarrasins découvrent que la mer est plus chaude encore. Pulvérisées sur leurs navires, les longues cartouches rougeoyantes y font pleuvoir le feu mais quand l'équipage finit par se jeter par-dessus bord, il plonge dans les flammes provoquées par les projectiles tombés à proximité en manquant leur cible. Là encore, ce fut un carnage et les troupes omeyyades venues de Damas replièrent leurs burnous en grand désordre. Sur les remparts, on prenait des paris et on s'esclaffait. Une bande de bédouins maritimes n'allait pas faire longtemps trembler la nouvelle Rome. Au fond, le citoyen byzantin ne frissonnait que devant un maître impitoyable : le fonctionnaire impérial.

Ses bureaux formaient les meilleures légions de l'État. En temps de guerre comme en temps de paix, ils faisaient entrer dans les caisses les trésors que les souverains voisins n'obtenaient qu'au prix de conflits aléatoires. Sauf qu'eux, on ne les démobilisait jamais. Ils surveillaient tout en permanence et chacun le savait. Les marchands de la ville pestaient contre leurs contrôles perpétuels mais ceux venus de l'étranger se réjouissaient de voir des hommes consciencieux vérifier jour après jour que, sur les marchés comme sur les docks, les poids étaient fiables. On pouvait faire du commerce à Byzance en toute sécurité. Personne ne trichait et cette rigueur policière assurait à tous la manne sans fond des commerçants venus de Chine comme d'Espagne. De surcroît, s'ils étaient inflexibles, ces fonctionnaires étaient surtout compétents. En plein Moyen Âge, alors que les famines ravageaient périodiquement tous les États, Byzance ignorait à peu près les sécheresses, les vols de criquets, les routes coupées ou les hivers mordants qui, partout ailleurs, servaient d'excuses aux gouvernements incapables. Année après année, siècle après siècle, les greniers de l'État prélevaient leur part de blé, d'orge, d'huile, de fèves et les redistribuaient à l'heure venue pour lutter contre la pénurie ou la spéculation. Et cette efficacité s'étendait à tous les domaines de la vie municipale. L'État veillait de près à l'éducation. À Byzance, quelle que soit sa condition, chaque enfant avait accès à l'école. Jamais la haute fonction publique ne fut l'apanage de la noblesse. Toutes les générations, pendant mille ans, virent apparaître quelques « hommes nouveaux » au sommet de l'État. L'Empire était organisé. Il ne gâchait pas ses ressources humaines et, comme à Rome, veillait à ne pas modifier un système qui marche. Afin d'assurer la paix civile, il était très difficile pour les employeurs de licencier un ouvrier. Une législation inextricable et incontournable avait toujours tout prévu. Nul n'enfreignait le Code du travail. Ou, alors, à ses risques et périls. Gros risques et périls mortels. Si un marchand de tissus s'autorisait à vendre de la soie d'une couleur trop proche de la pourpre impériale, on lui confisquait ses biens. S'il cédait à un étranger un artisan qualifié capable de transmettre des secrets de fabrication, on lui tranchait la main. Inutile de dire qu'à ce prix, tout fonctionnait à merveille. Aucune mesure ne décourageait les administrations. Quand le besoin s'en faisait sentir, on organisait des transferts massifs de population d'une région à une autre. Les provinces dévastées par un envahisseur étaient repeuplées dès son départ. Les zones conquises étaient colonisées, mise en exploitation et soumises à l'impôt. La capitale, elle, ne cessait de grandir. Et de se colorer. En 650, alors qu'elle comptait six cent mille habitants, on recensait des dizaines de nationalités. La majorité était grecque mais il y avait des quartiers entiers d'Arméniens, de Syriens, de Russes, de Géorgiens, d'Arabes ou de Bulgares. Par crainte de voir la cité se dépeupler, on y amenait des immigrants par cargaisons entières. Les services de l'aménagement du territoire avaient tous les droits ! Et ceux de l'urbanisme s'octroyaient les autres. Rendre vivable une cité gigantesque exigeait une autorité sans concessions – sinon aux caprices des monarques. Ainsi quand le palais se plaignit des odeurs du forum de Constantin transformé chaque matin en étable et en boucherie par le marché aux bestiaux, la milice y réunit tous les marchands de fleurs et de parfums. Graines, fleurs, essences et huiles aromatisées accueillirent ensuite pendant des siècles les visiteurs du basileus. Rome était toujours dans Rome : chacun exécutait sa tâche et l'Empire filait droit.

Seulement voilà, Byzance n'était plus romaine. Byzance était grecque. Et si elle acceptait de se plier à des règles brutales mais utiles, elle refusait de se priver du plus grand des plaisirs : le débat. Ici, on était d'abord au paradis de la dispute. Comme on savait que l'ennemi ne s'emparerait jamais de la ville, et puisque les combats de gladiateurs étaient proscrits, on se délectait de débats théoriques. La grande spécialité locale s'appela pendant des siècles la querelle byzantine. Une bagarre intellectuelle où le plaisir consiste à fendre les cheveux en quatre, à ergoter sur le sexe des anges, à disserter sans fin sur le sens d'un mot et à entreprendre l'analyse d'une pensée par celle de l'arrière-pensée qui la nourrit forcément. Où avait lieu la controverse ? Partout. Sur les forums, à l'Hippodrome, au palais mais, surtout, dans les églises. Et cela depuis le premier jour. Dès Constantin, l'empereur comprit que s'il pouvait vaincre les despotes asiatiques et les chefs de bandes barbares, il lui faudrait éternellement composer avec ses propres patriarches. Pendant des siècles, ils incarnèrent donc l'opposition. Ils étaient cinq : à Rome, à Constantinople, à Alexandrie, à Jérusalem et à Antioche. Et, naturellement, ils n'étaient jamais d'accord. Leurs chicanes pouvaient s'abaisser jusqu'à l'insignifiant. On assista à des émeutes provoquées par l'utilisation à la messe de linge en fil au lieu qu'il fût en lin. Tout était matière à dénonciation d'un nouveau poison de l'âme, le dérisoire comme le fondamental. Et, toujours, derrière le dogme se cachait la politique. On faisait semblant de se battre pour une certaine conception de Dieu et on luttait en réalité pour résister à la

toute-puissance de Constantinople. Les préséances protocolaires donnaient lieu à des controverses de Sorbonne.

Le premier à ruer dans les brancards de la foi officielle fut
Arius. Trônant à Alexandrie, il mit en question la nature divine
du Christ. Jésus était un homme parfait mais c'était un homme,
ni éternel, ni de la même substance que Dieu. Que n'avait-il
dit ? On ne parla plus que de cela en ville, on placarda des
affiches, on crayonna les murs. Il fallut réunir un concile à
Nicée en 325. Le premier d'une longue série qui, jamais, ne
réglerait rien. Tout se passait toujours de la même manière :
on déposait un patriarche, on jetait l'anathème sur un autre,
on excommuniait de-ci de-là et, pour finir, on reprenait la
discussion là où elle avait commencé. Avec, en prime, une
petite mignardise théologique supplémentaire. Avec Nestorius,
évêque de Constantinople, on décida de couper le Christ en
deux. Ce n'était plus un être unique mais une personne
humaine et une autre divine. Il fallut réunir un nouveau
concile, à Éphèse, cette fois, en 431, pour mettre un terme
à la querelle. Néanmoins, son succès avait été tel que le
patriarcat de Constantinople, d'où était partie la théorie, en
restait illuminé. Cela agaça prodigieusement Antioche et,
surtout, Alexandrie. Pourquoi n'aurait-elle pas à son tour une
nouvelle doctrine à elle ? Ce fut le monophysisme. Encore
plus subtil. De même que la goutte de miel fond dans la mer,
la part humaine du Christ s'était dissoute dans sa part divine,
tellement puissante. Sa nature était donc unique et on baptisa,
par conséquent, cette théorie du nom de monophysisme.
Elle enthousiasma les provinces d'Asie et exaspéra Rome et
Constantinople. On déposa un ou deux patriarches, on
molesta quelques légats du pape, on asséha des torrents de
salive, un peu de sang coula, et on convoqua un concile. En
451, à Chalcédoine. Résultat : on admit que le Christ était
complet comme Dieu et comme homme. Tout le monde serinait
« consubstantiel », « consubstantiel » et on se quitta à peu près
réconciliés, chacun rentrant chez lui reprendre ses sermons
habituels.

L'Asie adorait le monophysisme. Il lui rappelait ces bons vieux dieux romains. Eux aussi avaient à l'occasion deux substances. Dionysos, par exemple, était le fils de Zeus et de Sémélé, une simple mortelle. De surcroît, les Alexandrins aimaient beaucoup cette manie chrétienne de nommer des saints. Il finissait par y en avoir tant qu'on se serait cru revenu au temps religieux si paisible des cohortes de dieux de l'Olympe. Inutile de dire que cela indignait le pape à Rome. De là à le dire, il y avait un gouffre car sa protestation aurait fait plaisir au patriarche de Constantinople. Or, celui-là, vu des bords du Tibre, c'était le rival numéro un. Les deux villes prétendaient régner sur la chrétienté. L'une parce que saint Pierre et saint Paul lui avaient attribué ce rôle, l'autre parce qu'elle abritait l'empereur et que c'est la présence du souverain qui avait dicté le choix de l'apôtre et du Père de l'Église. Aucune des deux ne voulait céder et les empereurs successifs se gardaient de trancher. En conservant des bons rapports avec le pape, ils maintenaient la fiction que l'Empire romain du Ier siècle existait toujours et cachaient au monde que les basileus ne gouvernaient presque plus rien en Occident. Néanmoins, nommant eux-mêmes les patriarches de Constantinople, ils les favorisaient souvent et tous les conseils œcuméniques du Ier millénaire se tinrent dans leur capitale ou dans son voisinage immédiat. Ce qui fut très bon pour leur prestige mais sans doute moins pour la paix des esprits. De nouveaux rebondissements ne cessaient de relancer les querelles. Souvent insignifiantes mais suffisantes pour créer des Églises autonomes : l'Égypte devint copte, la Syrie jacobite, Antioche et le Liban melkites et ainsi de suite. L'Arménie avait son clergé et son dogme, tout comme les Assyro-Chaldéens. L'un portait une haute coiffe cylindrique, le deuxième se cachait sous un capuchon pointu, le troisième imposait la tonsure, le quatrième était fier de ses sandales... La politique y avait une large part, la foi servait de prétexte et les doctrines s'autorisaient toutes les fantaisies : l'une condamnait le mariage ou l'alimentation carnée, l'autre interdisait que l'on prie la Vierge, la troisième affirmait que la nature de Jésus importait moins que sa volonté, la quatrième se moquait de la nature et de la volonté mais rendait hommage à l'énergie du Christ, la cinquième rejetait l'existence du purgatoire... Personne en ville n'y comprenait goutte mais les chefs de parti se raccrochaient à une formule pour jeter leurs troupes dans la rue. On brûlait une église car ses prêtres avaient invoqué Marie «mère de Dieu» alors qu'elle n'était que «mère du Christ». On saccageait un monastère sous prétexte qu'on y chantait un psaume en hommage à «Dieu mort pour nous» – alors que, bien entendu, c'est le Christ qui est mort pour les hommes! Personne ne prenait ces élucubrations à la légère. Au contraire, on nommait des évêques et des prêtres pour répandre l'idée que l'Esprit-Saint intervenait perpétuellement en tout. On se perdait dans la forêt des patriarches. Byzance ne s'en lassait pas. Ni ses rivales, d'ailleurs. Antioche fut mise à feu et à sang par une dispute entre «corruptibles» (pour qui la chair du Christ, comme tout être vivant, s'était abîmée) et «incorruptibles» (aux yeux de qui le fils de Dieu ne se décomposait jamais). Au paroxysme de la confusion, on traîna même le pape, Martin Ier, à Constantinople où on le tint en prison pendant toute l'année 653. Présenté au tribunal à demi mort de faim, incapable de présenter une défense cohérente, il fut condamné à être exécuté. Puis déshabillé, on le traîna, chaîne au cou, à travers la ville et on le jeta dans une cellule occupée par des criminels et des voyous. Battu, humilié, insulté, il ne fut gracié par la basileus Constant II qu'à la veille d'aller mourir en exil en Crimée. La chrétienté byzantine semblait prise de folie. Cela dura des siècles et cela n'aurait jamais cessé si une grande querelle, absurde mais devenue incontrôlable, n'avait failli mettre à bas l'Empire lui-même.

Soudain, un beau jour, on décida qu'il fallait en finir avec les images de Dieu. Léon III, le nouveau basileus, auréolé de sa récente victoire contre les Arabes qu'il avait écrasés sous les murs de la capitale avec l'aide des Bulgares, décida de partir en campagne contre les icônes. Originaire d'Isaurie, une province d'Asie Mineure, au nord de la Cilicie, c'était un

Oriental, donc un monophysite inavoué. Convaincu de la nature divine du Christ, il réprouvait l'idée que des artistes représentent le Seigneur en deux dimensions comme un être humain normal. Élevé à proximité de la frontière syrienne, il était également sensible à la pensée des Arabes dont la civilisation toute jeune et en pleine expansion fascinait les contemporains et interdisait les images de Dieu et du Prophète. Pure et lisse comme les dunes, la doctrine musulmane affirmait que seul Dieu avait le droit de créer l'homme ou la femme. Exécuter des images et, pire encore, leur vouer un culte était sacrilège. Une coutume les indignait : qu'on attribue des vertus médicales aux icônes. À Byzance, ils étaient servis : à leur baptême, on offrait à tous les enfants des images de leur saint patron auxquelles on prêtait des miracles. Car, dans le peuple, la foi était simple et le goût des images indéracinable. Incapable de lire, c'est sur les murs des églises qu'il apprenait la vie du Christ. Bientôt, cela ne fut plus possible. On prit un décret contre le culte chrétien des images. Où ça ? À Damas ! Le calife Yazid exigea qu'on retire les icônes de toutes les églises de son territoire. Étrangement, loin d'indigner les chrétiens, il donna à certains la rage de l'imiter. Et vite !

Quand un groupe d'évêques d'Antioche publia à son tour un manifeste iconoclaste, Léon III choisit de les encourager et, en 726, un matin, à l'aube, un détachement armé prit position à la Chalké, l'entrée d'honneur du palais impérial. Là, au-dessus des énormes portes en bronze fermant la cité interdite byzantine, figurait une grande icône dorée du Christ. Sous les yeux d'une foule ahurie, puis folle de rage, les soldats s'attaquèrent au burin à la face du Sauveur. Une météorite tombant sur la ville n'aurait pas provoqué plus d'émotion. Le chef des démolisseurs fut lapidé sur-le-champ et, très vite, l'Empire entier se souleva. Des régiments se mutinaient, des villes exécutaient leur exarque (le gouverneur impérial), la nation s'effilochait. C'est en cette circonstance que Venise se sépara de l'Empire et fonda sa République. Mais personne, sur l'instant, n'y prêta attention – surtout pas Léon. Sûr de son inspiration, furieux qu'on mette en question son autorité, il s'entêta. Un bain de sang ramena l'ordre dans la capitale et des commandos officiels envahirent les églises pour les badigeonner de blanc. Si on leur résistait, ils mettaient le feu à la barbe des prêtres et incendiaient les bibliothèques. Des milliers d'icônes étaient saisies et brûlées en place publique. Des monastères étaient convertis en casernes, d'autres étaient transformés en bains publics. On martelait les statues sans pitié. La guerre civile faisait rage au sein des familles. À l'Hippodrome, selon son inclination, comme d'habitude, on acclamait les cochers iconoclastes ou leurs rivaux iconolâtres. Les sages rappelaient *mezza-voce* que les ennemis avaient toujours levé le siège de la ville quand on avait promené l'icône de la Vierge sur les murailles mais, en public, on se taisait. Les têtes trop bavardes roulaient vite dans le ruisseau. Partout ailleurs la crise se serait réglée en quelques mois. Pas à Byzance. Elle avait trouvé là une querelle à sa démesure. Elle s'y vautra et chaque camp se déchaîna. Les victimes, les iconolâtres, ne se résignèrent jamais. Elles savaient que le peuple, en silence, les soutenait. Pour lui, en effet, Byzance n'était qu'une immense icône.

Fresques, mosaïques, orfèvrerie, terres cuites, tout était prétexte à afficher des images saintes. Présences pudiques et lumineuses, elles éclairaient chaque heure de la vie dans l'Empire. Pour leurs partisans, elles avaient d'ailleurs été sacrées par Jésus lui-même quand, de son vivant, il avait guéri de la peste le roi Abgar d'Édesse en lui envoyant un foulard sur lequel il avait imprimé son visage. Qu'importe la réalité de la légende, Byzance s'en nourrissait. Dans la liturgie, dans les maisons, sur les monuments impériaux, dans les palais, l'icône était partout. Et, partout, elle proclamait le même message : Byzance était en train de vivre l'âge d'or de l'humanité. Mieux : on avait cru les mosaïques immortelles. Alors que le soleil abîmait les peintures et ridait les hommes, il exaltait les tesselles disposées avec art par les milliers de mosaïstes de l'Empire. Pour le monde d'alors, Byzance semblait un scintillement d'or, d'argent et de pierres précieuses. La lumière du ciel et les lampes des hommes transformaient tout, jusqu'aux cryptes, en grottes miraculeuses. L'Empire était le lingot d'or du Christ sur la terre. Alors que jusque-là les débats théologiques passaient largement au-dessus de la tête des fidèles, là, au contraire, du forgeron au général et de la fleuriste à l'empereur, tout le monde avait ses idées en la matière et ne se lassait pas de les exposer – voire de les imposer. La querelle des images dura un siècle et, à la folie des uns répondit la barbarie des autres – l'une et l'autre bénies, naturellement, par les patriarches de chaque camp. Et, là encore, les femmes ne se firent pas prier pour se mêler des intrigues au sommet de l'État.

C'est l'une d'elles qui, la première, ranima l'espoir des iconolâtres. L'impératrice Irène était d'Athènes, une vraie Grecque, frottée de philosophie, passionnée de culture, amie des artistes. À sa beauté renversante s'ajoutait une ambition prête à tout bousculer sur son passage. Devenue régente en 780, elle fit clairement comprendre que, si l'Empire se prenait pour un immense monastère peuplé de théologiens bardés de certitudes, elle entendait que ce fût un monastère coloré. Le patriarche iconoclaste fut déposé, un concile à la botte de la Cour déclara hérétique l'hostilité aux images et, quand des officiers restés fidèles à la doctrine précédente proclamèrent un nouvel empereur iconoclaste, elle se saisit de lui, lui creva les yeux et ordonna qu'on coupe la langue à ses quatre frères. Mais cela ne suffit pas à la rassurer. Sept ans plus tard, arrivé à l'âge de régner, son fils, Constantin VI, lui parut bien mou dans sa foi et bien ferme dans ses rapports avec elle. Comme Irène ne se voyait pas du tout dans le rôle d'Agrippine, elle fit donc saisir le basileus par la garde et, devant elle, on lui creva les yeux de manière assez brutale pour qu'il en meurt : « Ses pupilles si sensibles d'iconoclaste ne souffriront plus du spectacle d'images sacrilèges », observa sa chère mère en guise d'oraison funèbre. Inutile de dire que ce meurtre parut un miracle aux yeux des destructeurs d'icônes. Si les iconolâtres confiaient leur sort à un si mauvais avocat, leurs arguments ne devaient pas peser bien lourd. Résultat : à la stupeur générale, on vit Byzance l'iconolâtre applaudir à la déposition de l'impératrice qui avait accédé à ses vœux. L'Esprit-Saint avait déserté les rives du Bosphore. La confusion régnait partout, on ne savait plus quel camp choisir et les Bulgares en profitèrent. Leur nouveau souverain, Krum, envahit l'Empire et écrasa Nicéphore, le successeur d'Irène. La pire défaite de l'histoire impériale ! Non seulement le basileus fut tué au combat mais on lui trancha la tête et Krum fit monter en coupe son crâne couvert d'argent et s'en servit à chaque repas jusqu'à la fin de sa vie. L'Empire sombrait dans la décadence. Un nouveau basileus, d'une violence bestiale, choisit de l'en sortir par la manière forte. Désormais tout le monde filerait droit. Première étape : retour à l'iconoclasme.

Ce Léon V, comme Léon III, un siècle plus tôt, était armé-nien, donc oriental, donc hostile aux images. Tout recommença. À nouveau, on abattit l'icône de la Chalké qu'avait rétablie Irène, on déposa le patriarche, on ferma des monastères et on envoya des équipes détruire les œuvres d'art. À nouveau, on convoqua des synodes et on transforma en charpie les vête-ments sacerdotaux portant des images du Christ ou de la Vierge. Pire : pour ajouter le mépris au blasphème, Léon commanda aux mosaïstes de la capitale de tailler de somp-tueuses effigies de ses cochers favoris pour les installer là où, auparavant, on admirait des icônes sacrées. Au fond, il ne voulait pas de mal aux artisans eux-mêmes. Il n'en fit exécuter aucun. Au contraire, il leur passa mille commandes. Un art renouvelé apparut aux murs. Aux poses hiératiques tradition-nelles succéda une fantaisie naturelle pleine d'arbres, d'oiseaux et de toutes sortes d'animaux. Au lieu de la foi, la nature servait désormais de source d'inspiration. On retrouvait les joies simples de l'Antiquité, son goût pour les paysages, l'attention portée à la vivacité des expressions. Si un obstiné était surpris à travailler sur une icône, on se contentait de lui brûler les paumes des mains. Cette clémence, néanmoins, ne protégea pas Léon et son meilleur général lui trancha un bras, puis la tête. Humain lui aussi, à la manière de l'époque, le nouveau basileus, Michel II le Bègue, ne tua pas les fils de Léon mais se contenta de les exiler et, à toutes fins utiles, de les castrer. Trois ans plus tard, quand Thomas le Slavonien se fit couronner empereur à Antioche, sa miséricorde était sans doute épuisée car, une fois vainqueur, Michel veilla à ce qu'on lui coupe les mains, puis les pieds et, pour finir, on l'empala. Byzance n'en revenait pas mais toute cette furie calmait les rebelles éventuels et les iconophiles murmuraient tout bas.

Théophile, le fils de Michel, du reste, les ménagea. L'iconoclasme restait la doctrine officielle de l'Empire mais, à Byzance, les artistes étaient à nouveau en odeur de sainteté. Tous n'avaient pas disparu car, à défaut de commandes locales, ils travaillaient souvent pour la partie occidentale de l'Empire. Rome leur confiait l'exécution des portes d'églises en bronze et, à Aix-la-Chapelle, les rois carolingiens se faisaient livrer des panneaux peints à installer sur leurs terres. Travailler à demeure plaisait néanmoins plus. Théophile le comprit et il ouvrit partout des chantiers, lançant en particulier un somptueux programme d'embellissement du palais impérial. Salles de porphyre, terrasses en marbre, fontaines dans le goût sarrasin et, partout, des mosaïques. On redevenait grecs, on se piquait de culture classique, on retrouvait la manière de Périclès, on montrait au monde que le plus puissant des empires était aussi le plus raffiné. Pour éblouir les ambassadeurs étrangers, Théophile les recevait d'ailleurs à l'ombre d'un platane mécanique en or peuplé d'oiseaux en pierres précieuses dont les plumes argentées scintillaient à la lueur des torches disposées à ses pieds. Mieux encore : ils chantaient et, quand l'arbre s'animait, ils se mettaient à battre des ailes. De Venise à Bagdad, on ne parlait que de cette merveille et Théophile acheva de se rendre populaire en remportant la guerre que le calife de Bagdad, Moutassim, avait engagée contre lui avec cinquante mille hommes, cinquante mille chameaux et une flotte immense. Mais la fatalité veillait et, à peine vainqueur, Théophile succomba à une dysenterie. Son fils avait trois ans. On nomma régente sa femme, Théodora. Elle était grecque, les iconophiles reprirent espoir et ils eurent raison. Mais l'expérience d'Irène avait marqué les esprits et Théodora s'y prit avec calme et subtilité. On développa l'Université, on licencia des iconoclastes, on acheva les travaux lancés par Théophile mais on ne brusqua rien et il fallut attendre vingt-cinq ans avant qu'une nouvelle et somptueuse mosaïque vienne remplacer à Sainte-Sophie celles qu'on avait détruites un siècle plus tôt. Un nouveau concile frappa d'anathème les destructeurs d'icônes et, enfin, tout revint en ordre.

Byzance était à nouveau Byzance. Du reste, elle retrouva un instant sa passion pour les luttes théologiques. Une nouvelle secte apparut, les pauliciens. En gros, ils refusaient tout : les images sacrées, le baptême, le mariage, l'eucharistie, le signe de croix et, plus grave, la hiérarchie ecclésiastique. À peine apparus, ils séduisirent. On allait en revenir aux bons vieux débats sur le dogme. La vie reprenait. Ou aurait repris si Théodora l'avait accepté. Or elle refusa. Les chicanes d'hexapsalme sur la nature de l'épectase avaient assez duré. Plus de controverses désormais, des purges. Le massacre fut impitoyable. Cent mille personnes furent tuées dans l'Empire, parmi lesquelles, à Byzance, des centaines furent crucifiées. Le message était clair : la Cour ne supportait plus les querelles de chapelle et les intrigues de bénitier. Il y avait plus urgent. Et, d'abord, de repartir à la conquête du monde. Vers 850, l'Empire l'ignorait encore mais il était à la veille de remporter ses plus grands triomphes. Les esprits pieux n'avaient qu'à prier dans leurs oratoires. Désormais les dévots allaient céder le pas aux généraux, la métaphysique à l'administratif et la mystique orientale à la clarté grecque.

PETITS MASSACRES ENTRE INTIMES
À LA COUR IMPÉRIALE

À cheval entre l'Europe et l'Asie, occidentale par ses lois et orientale par son protocole, Byzance ne relie pas uniquement les chapitres des livres de géographie. Elle passe aussi le relais d'une période de l'Histoire à la suivante. Avant de s'aventurer dans le Moyen Âge, elle a donc mené à son terme la dernière guerre de l'Antiquité. Contre les Perses.

Étendu de l'Euphrate aux abords de l'Indus, l'Empire sassanide ne cessait de guerroyer contre Rome. Maîtrisant les routes commerciales entre la Méditerranée et la Chine ou les Indes, ses souverains disposaient de fonds considérables et d'une administration efficace. Deux empereurs romains avaient mordu la poussière en luttant contre eux : Valérien, fait prisonnier en 260, puis Julien l'Apostat, mort en campagne en 363. Alors que Justinien faisait de Constantinople la plus belle ville du monde, Chosroès Ier continuait d'embellir son immense capitale, Ctésiphon, sur la rive gauche du Tigre, au sud-est de la future Bagdad. Rien ne lui résistait. Il avait écrasé les Huns d'Asie, annexé l'Afghanistan et installé une satrapie au Yémen. Seule Byzance lui tenait tête. Son fils, Chosroès II, résolut d'en finir, mobilisa une armée énorme et attaqua. Ce fut l'apocalypse. L'Arménie s'effondra, la Cappadoce fut conquise et les Perses mirent le siège devant le Bosphore.

Arrêtés par les imprenables murailles, détournés vers l'est, ils se rabattirent sur Antioche, Damas et, sacrilège des sacrilèges, en 614, Jérusalem. Le massacre fit couler des flots de sang, l'église du Saint-Sépulcre partit en cendres et, pire que tout, la sainte croix fut emportée à Ctésiphon. Dans la foulée, Chosroès s'empara aussi de l'Égypte. L'empire de Darius était reconstitué. Byzance ne pouvait plus que prier. Par chance, après avoir songé à transférer la capitale à Carthage, Héraclius choisit un autre parti : la croisade.

Hissé sur le trône par l'armée qu'indignaient les massacres de l'empereur Phocas, c'était un militaire. Il prit lui-même la tête de son armée, mena campagne été comme hiver, remporta dix, vingt, trente escarmouches par son audace, acquit la réputation de détourner les flèches tirées contre lui et renversa la situation. Pour effacer l'affront du sac de Jérusalem, il marcha sur Ganzak, l'antique capitale sassanide, et rasa son sanctuaire le plus sacré, le temple du Feu de Zoroastre. À sacrilège, sacrilège et demi ! De victoire en victoire, il amena la dernière armée perse à livrer bataille à Ninive, en 627, aux pieds des ruines de l'ancienne capitale assyrienne. Pour ce baroud ultime, Chosroès avait saigné son empire aux quatre veines afin de reconstituer une armée invincible. À Byzance, le clergé avait fondu des tonnes de calices et de ciboires pour alimenter la machine de guerre. Les deux ennemis jetèrent toutes leurs forces dans le combat. La lutte dura onze heures, Héraclius trancha lui-même la tête du général en chef ennemi et, au soir, l'empire perse était mort. Une fois pour toutes ! Ctésiphon fut rayée de la carte et Byzance offrit à l'empereur le plus grandiose triomphe de son histoire. Au premier rang, devant Héraclius, portée par des prisonniers, venait évidemment la sainte croix. Derrière paradait une cohorte d'éléphants, animal effrayant comme on n'en avait plus vu dans l'Empire depuis l'époque d'Hannibal. Suivaient des convois de trésors et des flots d'esclaves. Ne manquait que Chosroès. Déposé par son fils, on l'avait enfermé dans une salle de son palais surchargée d'objets précieux, de pierreries et de babioles royales en or. À charge pour lui de s'en repaître. Malheureusement, les rivières de diamants n'étanchent pas la soif. La mort vint vite.

La ville jubilait et se crut définitivement mariée à Dieu quand, parvenue à Sainte-Sophie, la procession vit la croix se relever lentement pour, enfin, se dresser, magique, sacrée et inviolable, devant le grand autel. C'était le 14 septembre 628, l'Antiquité avait pris fin et l'Empire s'apprêtait à couler des jours de miel dans un univers de basiliques, de palais, de jardins et de kiosques taillés dans de la dentelle de pierre. Mêlé à celui de la myrrhe ou de l'encens, le parfum des courtisanes tournait les têtes. Toute inquiétude semblait engloutie par la prospérité générale. Erreur : ce n'est pas le spectre de la guerre qui avait disparu, c'était celui du passé. Les Perses et les hordes barbares éliminés, d'autre ennemis apparaîtraient. Les Bulgares, bientôt. Mais d'abord, les Arabes. Et vite !

À peine Mahomet mort à La Mecque en 632, un déluge de fer s'abattit sur les provinces orientales de l'Empire qui se croyait invincible. On prenait les Arabes pour des nomades pauvres, éleveurs de chameaux et cultivateurs d'oasis. Jamais l'Empire n'avait bâti de forteresses sur son flanc sud pour se défendre de ces campagnards. Soudain, au lieu de caravanes de moutons, on vit apparaître des armées. Rien ne pouvait les arrêter. Dix ans après être redevenue chrétienne, Jérusalem tomba entre les mains des Sarrasins. Puis Alexandrie. Puis Chypre. Puis Rhodes. Les provinces orientales fondaient comme peau de chagrin. Et plus question de compter sur une aide providentielle venue d'ailleurs. Grâce aux sommes folles investies par Byzance dans sa lutte contre les Perses, les ruines de leur empire churent sans coup férir dans l'escarcelle musulmane. Impossible donc de financer, comme d'habitude, une attaque en biais contre l'envahisseur. La marée des soldats d'Allah allait tout submerger quand le miracle habituel survint. Une fois encore, un adversaire irrésistible de Byzance sombra de lui-même dans la division. Alors que la route du Bosphore était ouverte à tous les vents, le calife Osman fut assassiné à Médine. Puis, cinq ans plus tard, en 661, ce fut son héritier, Ali. Cette guerre de succession sauva Byzance. Quand les troupes du Prophète mirent le siège devant la ville, celle-ci s'était ressaisie et elle ne capitula pas. Au contraire, elle épuisa ses assaillants. Quand elle leva le siège, la marée musulmane était à sec. Non seulement Byzance put reprendre l'offensive mais, bientôt, Constantin IV, ayant atteint la frontière syrienne, put exiger d'Abd al-Malik, le calife de Damas, un tribut annuel de plusieurs milliers de pièces d'or. Les Arabes resteraient longtemps une écharde dans le pied de l'Empire mais les risques de gangrène étaient éliminés. Tant mieux car, à l'ouest, une autre menace s'apprêtait à devenir fatale.

Depuis toujours les Balkans servaient de pépinière ou de voie de passage à des peuplades menaçantes. Les Huns, les Slaves, les Avars avaient surgi, semé la mort et raflé des trésors. La ligne bleue du beau Danube n'annonçait jamais rien de bon. C'est carrément la catastrophe qu'elle prophétisa quand apparurent les cavaliers bulgares. La lutte contre eux dura deux siècles et demi. Eux aussi parvinrent plusieurs fois aux pieds des remparts de la « Ville des villes ». La première fut d'ailleurs la bienvenue car ils y déboulèrent en 717 alors qu'une armée et une flotte sarrasine s'y épuisaient depuis déjà quelques mois. Or les Bulgares voulaient la ville pour eux. Afin de dégager les abords de leur futur plat, ils s'offrirent en apéritif un grand massacre de musulmans. En quelques jours, ils en tuèrent vingt mille. Ce qui mit fin à l'offensive arabe. Et ce qui dopa d'autant plus le moral des Byzantins, que le calife donna l'ordre de retraite le 15 août 718. C'est-à-dire le jour de la Vierge Marie ! Inutile de dire que les assiégés y virent un signe de Dieu. Et qu'ils prirent de très haut les prétentions bulgares. À l'abri de leurs invincibles murailles, ils se contentèrent de patienter. Ce ne fut pas long. Chargés de promesses et de quelques sacs d'or, les Bulgares, à leur tour, plièrent bagages. Ce qui acheva de rassurer Byzance : une fois de plus, elle avait joué d'un ennemi contre l'autre et, pour finir, avait tout réglé avec de l'argent. La routine en somme. On avait épuisé l'ennemi, on lui avait lâché des miettes d'un trésor sans fond et on l'avait renvoyé dans ses pénates. Comme d'habitude, le vent de l'Histoire avait soufflé dans le sens de l'immense cité triangulaire en forme de voile. La bonne vie pouvait reprendre.

Grave erreur : la lutte contre les Bulgares ne faisait que commencer. Avec des bas et des hauts. Constantin V les écrasa en 763 mais, en 811, Nicéphore Ier fut massacré avec toute son armée et, un an plus tard, une fois de plus, Byzance était assiégée. À nouveau, les murailles refusèrent de céder mais la menace ne s'effondra pas non plus. En 898, pour calmer leurs velléités guerrières, il fallut s'engager à payer un tribut annuel ruineux aux Bulgares et leur accorder des privilèges commerciaux sans précédent sur le port de la capitale. Le règne de Constantin VII, arrivé sur le trône en 913, commença par deux déroutes successives et, à nouveau, il fallut verser une rançon annuelle à ses insupportables voisins qui, ayant découvert la route du trésor, l'empruntaient désormais à chaque génération. En 969, variante nouvelle, les Bulgares arrivèrent dans les fourgons des Russes. Sviatoslav Ier, le souverain de Kiev, avait conquis leur pays et, afin de montrer sa détermination, avait empalé vingt mille de ses nouveaux sujets. Byzance lui infligea une correction en 970 puis, sans réussir à s'emparer de lui, elle rétablit l'ancienne famille royale bulgare. C'était en faire des sujets de l'empire. Mais leur province s'obstina à rester rebelle et Basile II résolut, une fois pour toutes, de les anéantir. La campagne dura de 1000 à 1014 et s'acheva au défilé de Kimbalengos où, aprè- un massacre préalable, Basile fit quinze mille prisonniers. Et là, comme pour rappeler à tous qu'un grand empire repose sur des grands crimes, il choisit d'écrire une page d'anthologie de la fameuse barbarie balkanique. Les détenus furent rangés par groupes de cent et on creva les yeux de 99 d'entre eux ; le dernier n'était qu'éborgné afin de pouvoir ramener ses compagnons au tsar Samuel. Le spectacle était dantesque. Quand il vit arriver son armée hier resplendissante, Samuel eut une crise d'apoplexie et mourut en vingt-quatre heures. C'en était fini de la menace bulgare. Elle ne se manifesterait plus. Mais elle avait duré presque trois siècles.

Pourquoi si longtemps ? Parce que, au fond, Byzance n'avait pas peur des Bulgares. Ces pauvres paysans venaient de plaines sans fin, écrasées de nuages, noyées de pluies et balayées par les vents. Chez eux, tout n'était que boue, paille et madriers. La fumée des feux se noyait dans la brume assoupie sur leur grande prairie. Tout parlait de frugalité, de nomadisme et de provisoire. Ils ne pouvaient que rêver du grand coffre-fort étendu sur la plage, caressée par une tiède marée et bercée par le chant des mouettes. Mais que leur imagination s'envole ne leur donnait pas les clés de la ville dont ils ne voyaient que les poternes et les douves. Byzance, avec eux, tenait l'ennemi idéal : redoutable mais condamné à perdre. Pourquoi ? Parce que les Bulgares étaient entourés de voisins menaçants que les fonds byzantins ne cessaient d'armer sur leurs flancs, qu'ils fussent hongrois, croates, moraves, petchenègues ou russes. Partis en mission à travers les Balkans et le sud de la Russie, saint Cyrille et saint Méthode, aristocrates, érudits et diplomates, avaient répandu partout leur foi et, au passage, offert une écriture à ces peuples de tradition orale. La langue, la culture, la foi des pays soumis par les Bulgares étaient imprégnées des valeurs de Byzance. Ils pouvaient bien être ses ennemis, ils conservaient à son égard le rapport reconnaissant de l'élève attentif vis-à-vis de son maître compétent. On a à cœur de l'éclipser, on rêve de le remplacer mais on ne souhaite pas l'exterminer. Même en guerre, les Bulgares cherchaient à amadouer Byzance. Quand leurs tsars ne demandaient pas aux empereurs la main de leur fille, ils envoyaient leurs fils dans les écoles de Byzance et leurs prêtres priaient le patriarche de bénir leurs évêques. Les ministres et les nobles, eux, intriguaient pour devenir les obligés du basileus. À tout moment, Byzance trouva des agents d'influence à la Cour adverse. De même qu'un arbre planté produit cent récoltes, un missionnaire implanté donne cent traîtres potentiels. Le résultat est là : jamais le jeune loup bulgare, affamé et combatif, ne vint à bout de la vieille vache sacrée occupée à ruminer son caviar sur les berges de la Corne d'Or. Au fond, il roucoulait pour elle. Et il n'était pas le seul.

Les Russes partageaient les mêmes rêves. Pour obtenir la main d'Anne, la sœur de Basile II, Vladimir de Kiev accepta de se convertir – et tout son peuple avec lui.

On n'en dira pas autant des Arabes. Trop peu nombreux pour administrer les territoires immenses qu'ils conquéraient, ils apparaissaient comme la foudre et s'éloignaient. Ils avaient de l'appétit mais, par chance, manquaient d'estomac. Pour diriger de vastes conquêtes, il faut une administration. À défaut, on recrache vite ce qu'on a avalé. Les Arabes ne l'avaient pas. Byzance cédait, reculait, puis revenait. Bientôt, pourtant, elle se découvrit une rivale, Bagdad. Là régnait la dynastie créée par Abbas el-Saffah, descendant d'un oncle du Prophète. Et là prospèrent des califes dont les noms firent frissonner la Corne d'Or : ceux-là ne se contentaient pas d'aboyer, ils mordaient et, ensuite, impossible de leur faire lâcher prise. Frottés de cultures arabe, persane, juive, syrienne et indienne, les Abbassides bâtirent une civilisation dont l'éclat, lui, pouvait rivaliser avec celui de Byzance. La lutte fut bien plus longue et coûteuse. Pour une fois, les défections furent d'abord dans le camp byzantin. Les chrétiens d'Orient monophysites voyaient d'un bon œil les Arabes. Dans un premier temps, ils ne prirent même pas l'islam pour une nouvelle religion mais pour une forme inédite d'hérésie chrétienne. D'autres, comme les Arméniens, excédés par la tatillonne bureaucratie impériale, apprécièrent la souple suzeraineté arabe qui laissait en place les administrations locales. En un siècle, la retraite prit des proportions inquiétantes. La capitale avait bien surmonté l'épreuve de deux sièges mais, en Orient, les possessions tombaient les unes après les autres. La Palestine, la Syrie, Antioche et, plus grave, la Cilicie échappèrent à Byzance. Pour la première fois, l'ennemi était sur le plateau anatolien. Et il y avait plus inquiétant encore : les Arabes s'étaient constitué une flotte. La Crète leur échut, puis Rhodes, Chypre, la Sicile. À Rhodes, en 654, après le saccage de la ville, un négociant juif d'Édesse acheta les restes du Colosse abattu huit siècles plus tôt par un tremblement de terre. Il fallut une caravane de neuf cents chameaux pour les transporter ! Heureusement pour Byzance, le monde arabe se déchirait sans cesse. Occupés au nord contre la Ville des villes, les Abbassides durent affronter au sud les Fatimides, une nouvelle dynastie venue d'Afrique du Nord pour fonder un empire autour du Caire. Déjà, un autre sultanat leur taillait des croupières à partir de Mossoul et d'Alep, celui des Hamdanides. À la veille de l'an 1000, enfin, la victoire choisit une fois pour toutes le camp byzantin. Le basileus Jean Ier récupéra les joyaux de la Couronne : la Syrie, la Phénicie et la Palestine. L'immense Antioche était à nouveau chrétienne et la frontière orientale longeait le cours de l'Euphrate. Plus symbolique encore, cette ultime reconquête avait ressuscité un certain nombre de reliques sacrées telles la chevelure de saint Jean-Baptiste et les sandales du Christ. Ces trésors inestimables prirent immédiatement la route de Constantinople. Le triomphe était tel et le nombre des prisonniers si élevé que, sur le marché des esclaves, les prix s'effondrèrent. Quand Byzance fêta l'an 1000, tous les saints semblaient penchés sur elle.

À tour de rôle, des nations jeunes et guerrières se jetaient contre elle mais les murailles de la cité brisaient leur premier élan et, ensuite, le parfait quadrillage administratif de l'Empire permettait de regagner, province par province et siècle par siècle, le terrain perdu. Byzance était invincible : ses marchands attiraient à elle tout l'or du monde, ses ministres le redistribuaient avec sagesse. Jamais l'armée n'avait le dernier mot. En 996, quand Basile II, victorieux sans appel des Fatimides, revint vers sa capitale, nombre de seigneurs anatoliens eurent à cœur de recevoir somptueusement chez eux le basileus invincible. Mauvaise idée : tel Louis XIV froissé par le luxe de Fouquet à Vaux-le-Vicomte, il fut indigné par ce flot de richesses. À peine revenu au palais impérial, il fit confisquer des centaines de propriétés pour les redistribuer à des paysans et à ses vétérans. Les prérogatives du clergé ne pesaient pas plus lourd. Nicéphore Ier, ancien logothète du Trésor, donc attentif au montant des encours, abolit du jour au lendemain toutes les exemptions fiscales dont se prévalaient ses ecclésiastiques.

L'État ne se laissait jamais longtemps dépouiller par ses sujets. Sept siècles après la fondation de la ville, la machinerie bureaucratique fonctionnait toujours à merveille : du Danube à l'Euphrate, on repeuplait les régions dévastées, et on veillait à maintenir une classe moyenne nombreuse et mobilisable. La colonne vertébrale de l'Empire, sa technocratie, se tenait droite et ferme. Rien ne semblait devoir inquiéter un empire marchand aussi bien organisé. Tout glissait sur lui comme l'eau sur les sirènes. Même les ennemis qui semblaient d'insatiables cannibales finissaient par se contenter d'un plat de lentilles. Au fond, son seul ennemi, c'était lui-même. Et, plus précisément, le palais impérial. Si le corps fonctionnait bien, la tête, en revanche, ne tournait pas toujours rond. La ville effaçait toutes ses rivales par sa puissance et ses richesses mais la famille régnant à Byzance surpassait aussi les leurs par ses vices. Et, surtout, par sa férocité.

Dès le VIIᵉ siècle, le sang se mit à couler à flots au palais. À cause de l'empereur Maurice. Très bon souverain, il avait rétabli les finances publiques mais comptait ses deniers comme un royal Harpagon. Défait par les Avars, il refusa de payer la rançon de douze mille prisonniers byzantins qui, du coup, furent exécutés. Ce qui restait de l'armée ne le lui pardonna pas et la troupe hissa un de ses centurions, Phocas, sur le trône. Une vraie brute capable de colères folles, ivrogne, cruel, assoiffé de sang. Il fit exécuter les quatre fils de l'empereur sous les yeux de Maurice. Puis on décapita l'empereur. Et, comme cela ne suffisait pas, on rattrapa l'impératrice en fuite avec ses quatre filles et on les étrangla avec des cordes d'arc. Byzance était sous le choc. Même Caligula savait se retenir. On eut des pensées émues pour l'humanisme de Néron. La terreur dura huit ans. Phocas avait ses péchés mignons : l'énucléation et le chevalet. Enfin, en 610, la coupe fut pleine. Héraclius, gouverneur de Carthage, mena la révolte et exécuta lui-même Phocas. On crut en avoir fini avec la barbarie gouvernementale. Erreur : Byzance en avait contracté le virus. Il ne partirait plus.

À la mort d'Héraclius, sa femme Martine s'empara de la régence. Elle était aussi sa nièce et, dans son cas, la consanguinité avait exercé des ravages : des neuf enfants qu'elle avait donnés à Héraclius, quatre étaient sourds et muets. C'est dire si elle cajolait son fils aîné, Héraclonas, au détriment de Constant, le fils du premier mariage de son époux. Le peuple se révolta, Martine eu la langue tranchée et on coupa le nez d'Héraclonas. Mais enfin on ne les tua pas. La sauvagerie avait presque retrouvé visage humain. En 698, quand Léonce tomba du trône pour avoir perdu Carthage, on ne lui confisqua que son nez. Et ses cheveux car on le tonsura avant de l'enfermer dans un monastère. À la Cour vandale et dans les salons wisigoths, on parla de miséricorde. Les temps étaient durs. C'est ce que se dit Justinien II, sept ans plus tard, quand il l'arracha à ses prières pour le faire abattre en même temps que Tibère III qui, lui aussi, avait usurpé le trône. Calicinus, le patriarche, qui les avait couronnés pendant son exil, eut les yeux crevés. Le même sort advint à l'archevêque de Ravenne dont la ville s'était soulevée contre l'empereur. Justinien ne pardonnait jamais. Revenu d'exil, le visage orné d'un nez postiche en or, il faisait décapiter, étrangler ou pendre. Si la fantaisie l'en prenait, il vous enfermait dans un sac de grosse toile qu'on jetait à la mer du haut des remparts. Ulcéré d'avoir été trahi par les hauts fonctionnaires qui lui avaient prêté serment, il en fit pendre quelques dizaines aux remparts de la ville – une marotte militaire jusque-là réservée aux cités conquises. Cette cruauté le desservit car ses ennemis, affolés, le tuèrent. À tout hasard, ils égorgèrent comme un agneau son fils Tibère caché par sa grand-mère, à Blachernes, dans l'église de la Vierge. Dans sa clémence, Dieu épargna de trop longs remords à l'usurpateur, Philippikos : un an et demi après son arrivée au pouvoir, on le traîna à l'Hippodrome pour l'énucléer. L'anarchie régnait au sommet de l'État. Et s'y trouvait chez elle. Trente ans plus tard, en 742, ce fut au tour de l'empereur Artavasde et de ses deux fils d'avoir les yeux crevés en place publique.

Ce supplice devenait une espèce de tradition familiale au palais. Constantin VI l'infligea au frère de Léon IV, son prédécesseur. Pour que la fête soit complète, le même jour, il fit trancher la langue aux quatre autres frères. Sa prudence valait sa cruauté et sa mère, affolée, le soumit bientôt au même régime. Quinze ans plus tard, en 813, Byzance crut qu'un peu de tendresse s'était enfin glissée dans notre monde de brutes quand Michel Ier fut exilé. Non seulement on épargna sa vie mais ses trois fils ne furent que castrés. Le même sort attendit d'ailleurs les quatre fils de Léon V, son successeur assassiné en 820. Le trône devenait une chaise à bascule. Il était temps de réagir. Michel II y veilla. Quand un général, Thomas le Slavonien, tenta un coup d'État et le manqua, on lui coupa les mains et les pieds avant de l'empaler. Mais la leçon ne servit pas. Nicéphore Ier, « la mort blanche des Sarrasins », fut assassiné dans sa chambre par Jean Ier, amant de sa femme, l'impératrice Théophano. Cet ingrat expédia sur-le-champ son prédécesseur dans un sublime sarcophage de marbre à l'église des Saints-Apôtres et sa maîtresse dans un couvent de la mer de Marmara, loin, très loin. C'était odieux et la ville ne savait qu'allumer des cierges. De toute manière, on ne la consultait pas. Un scepticisme résigné régnait partout : les généraux tuaient les empereurs comme les hyènes mangent les tigres. Entre l'an 400 et l'an 1400, soixante-cinq empereurs sur cent sept finirent étranglés, éventrés, mutilés, émasculés, décapités ou aveuglés. Ce n'était même pas de la sauvagerie, c'était la chaîne alimentaire. Du moment que l'Empire n'en souffrait pas, pourquoi se plaindre ? Autant faire remonter son cours au Danube ! Or l'État se portait mieux que jamais. En l'an 1000, Byzance était au sommet de sa puissance. S'il suffisait d'un nuage pour effacer le soleil et d'une épée pour éliminer le basileus, il suffisait d'une nuit pour ramener les rayons du premier et le sceptre du second. Le fleuve de l'intrigue déroulait sans fin ses méandres à la Cour mais l'administration veillait. Là était l'essentiel. De toute manière, on ne manquerait jamais d'empereurs. Qu'importe que s'asseoir sur le trône soit revenu à s'avancer dans le couloir de la mort. Il y avait toujours des volontaires pour teinter la pourpre impériale d'un filet de sang frais. Et on comprend pourquoi. Comment refuser le titre le plus glorieux du monde ? Seul l'empereur de Chine aurait pu faire de l'ombre à celui de Byzance. Personne ne le savait.

EN L'AN 1000, AU PARADIS
DES FASHION VICTIMS

L'an 1000 est passé sans que l'apocalypse annoncée se manifeste. Comme d'habitude, une phase de langueur a succédé à une période de gloire comme les bruits de bottes alternent avec les tintements de la porcelaine et les flots de sang avec les tourbillons de Malvoisie. Les Arabes n'ont plus de dents pour mordre et les Bulgares n'ont même plus d'yeux pour pleurer. Les blessures mortelles de Byzance ont vite cicatrisé. Ruisselant de rêves, ses palais se reflètent en plis miroitants sur le Bosphore. À l'entrée du port, un colosse rivalise avec celui de Rhodes. Immense et couvert de bronze, il étincelle tant au soleil que les commerçants étrangers le croient taillé dans l'or. Jamais la ville n'a été si riche. Grâce à Basile II, l'Empire est immense et toutes les sources de prospérité coulent vers la capitale comme les fleuves vers la mer. L'orfèvrerie atteint un degré inégalable de subtilité dans le faste, l'architecture ne cesse de s'enrichir des emprunts aux brodeurs de marbre arabes, la joaillerie réinvente le luxe à chaque génération, les parfumeurs expédient leurs essences de fleurs dans toute l'Europe.

Constantinople en 1050, c'est la haute couture de Paris et ses parfums, le prêt-à-porter de Milan, les tissus de Barcelone, le *design* de Londres et le prestige de Manhattan. En 1095, quand

Venise décide de bâtir pour saint Marc une basilique qui proclamera sa puissance au monde, elle reproduit purement et simplement le plan de l'église des Saints-Apôtres où reposent les basileus. Il en va de même à Kiev et à Nijni-Novgorod. Là-bas, on ne parle pas de Constantinople mais de Tsarigrad, la « Ville des rois ». Lorsque Aliénor d'Aquitaine découvre la ville, elle a l'impression d'ouvrir les yeux pour la première fois de sa vie. Les princes et les dignitaires de la Cour la mènent aux portes du paradis. Soudain elle observe que ses barons francs, coiffés comme des dessous de bras, ne sont que des durs à cuire mal dégrossis. Les poètes de la ville, ses théâtres, le luxe des tenues de soirée, la préciosité des tables, la qualité des mets... La plus brillante des Plantagenêts s'aperçoit qu'elle ne connaissait rien au plaisir. Partant déambuler en ville, elle est escortée d'esclaves et d'eunuques. Jamais elle et ses compagnes, les grandes dames de la haute noblesse, ne posent un pied à terre. Couvertes de bijoux, elles promènent leur curiosité à travers les rues sur des palanquins de bois sculpté. Aliénor comprend enfin le sens du mot « élégance ». Le soir, de retour au camp croisé, elle a l'impression de patauger en sabots dans un monde mal équarri. Pour elle, entrer dans Byzance, c'est quitter le Moyen Âge.

Tous les snobs du monde rêvent de la ville. Son raffinement dépasse l'entendement – et il faut prendre cette phrase au pied de la lettre. La Cour et l'élite ne parlent plus la même langue que le peuple. Comme à Bagdad où le calife s'exprime en arabe littéraire tandis que ses sujets conversent en arabe parlé, Byzance crée pour les *happy few* un idiome de velours capable de caresser leur sensible palais. Au premier mot que vous prononcez, on sait si vous avez franchi la barrière culturelle qui mène aux hautes charges. Si vous employez les termes de la rue, vous n'avez qu'à y rester. Cette vigilance sociale est impitoyable. Pour accéder au pouvoir, il faut nager en brasse coulée à travers les archaïsmes les plus sophistiqués de la grammaire et les préciosités les plus chantournées du vocabulaire. Molière en aurait ri sans fin mais la « Ville des villes » se délecte de ce raffinement ultime. Parfois à ses dépens. Quand certains patriarches partent en province délivrer leurs homélies à Athènes, Thessalonique ou Antioche, ils s'aperçoivent que les fidèles ne comprennent pas un mot de leur beau discours entortillé dans ses tournures archaïques. Les mêmes cocasseries surviennent ailleurs et Abélard, exilé en Bretagne profonde après ses amourettes avec Héloïse, connaîtra la même déconvenue avec ses sermons en latin « haute époque ». Mais, à Byzance, cela dit, chacun peut apprendre ce sabir ultra-chic. Partout s'ouvrent des écoles. L'État ne s'en mêle pas, ce sont des fondations privées et elles pullulent. On y vient de toute l'Europe et de toute l'Asie Mineure. Au programme, un enseignement laïc. Dieu a beau être partout en ville, en cours on enseigne Homère, Thucydide, Démosthène, Isocrate, Aristote et Platon. Le christianisme imprègne tellement les institutions qu'on ne redoute plus les penseurs païens dont on ne retient que la souplesse et l'intelligence de la pensée. Tel Socrate contraint à boire la ciguë par le gouvernement athénien, certains professeurs sont parfois accusés d'hérésie mais cela ne se termine jamais de façon aussi définitive. On leur conseille simplement de privilégier Aristote qui séparait si clairement les domaines de la foi et de la cité. Au pire, on les envoie réfléchir à leurs prochains cours en prison. Puis on les en sort. On manque vite de maîtres tant les riches seigneurs ou les puissants ministres se targuent d'ouvrir des écoles comme, autrefois, ils finançaient des hospices ou des églises. Mais pas de leçons de cagoterie ! Les élèves étudient la grammaire, la rhétorique et la dialectique ainsi que l'arithmétique, la géométrie et l'astronomie. Pour finir, ils abordent la philosophie, sagesse suprême de tous les savoirs. Rien de nouveau sous le soleil du Bosphore : il s'agit d'abord de pouvoir briller dans les querelles dont la ville se repaît. On va à l'école pour faire ensuite carrière. À Byzance mais aussi à Rome ou dans le reste de l'Europe. Les érudits de tout le bassin méditerranéen affluent. L'école de droit, en particulier, passe pour le summum de l'intelligence pratique. Sa jurisprudence n'a cessé d'évoluer. On n'en est plus aux lois de Justinien. Sous Léon III, l'*Ecloga*, un abrégé en grec, les avait déjà mises au goût du jour. Tout était passé au crible : le Code militaire, le Code nautique et le Code rural n'avaient rien abandonné à l'arbitraire. Ni, du reste, à la miséricorde. De nombreux cas de peine capitale avaient été supprimés mais remplacés par l'amputation du nez ou de la langue, par l'aveuglement ou par la crémation des cheveux ! Et Basile Ier, inculte et sanguinaire, devenu empereur à la force de ses muscles, avait encore peaufiné cet appareil juridique qui, rendant tous les sujets égaux devant la loi, laissait à chacun sa chance. Les *Basilicates*, son propre monument juridique, avaient éclairci la loi pour la mettre au carré, en éliminer la rouille et accorder les règlements à l'esprit du temps. Byzance, siècle après siècle, place l'intelligence, même féroce, à son service. Dans cette ville d'intellectuels hystériques, la loi s'impose comme un monument dédié à la conciliation. Au sein même du palais impérial, l'école de la Magnaure, créée en 850 par Michel III, est l'Université des universités. Là, non plus, les docteurs de l'Église ne mettent pas leur grain de sel. En revanche, on étudie Épicure et Sénèque. L'Antiquité sert de modèle. Constantinople a cinq siècles d'avance sur Florence et la Renaissance italienne. Confiées aux savants les plus illustres, ses chaires sont à l'an 1000 ce que seront Oxford, la Sorbonne et Harvard à leur époque. Les maîtres viennent d'Afrique, d'Italie ou de Syrie. Mieux encore : ils sortent du palais impérial lui-même – quand ce n'est pas du bureau du basileus en personne. En 1045, le moine Psellos et Jean Xiphilin sont chargés de fonder la nouvelle université de la ville. Or ce sont les piliers du gouvernement. Ensemble, ces deux érudits créent la pépinière des futurs juges et hauts fonctionnaires indispensables à l'Empire mais, surtout, veillent à ce que soient scrupuleusement conservés, puis enseignés, la culture grecque et le droit romain classiques. Érasme sortira du travail de Psellos, l'homme fort (et fort catastrophique) de la dynastie des Doukas, devenu moine dans un moment de défaveur, redevenu Premier ministre sous Michel VIII, et toujours heureux d'ha-

En haut, à gauche, l'entrée de la Corne d'Or. En haut, au fond, le Bosphore. À droite, la mer de Marmara. Au premier plan, la Ville des villes, installée sur la rive européenne. De la mosquée Bleue au palais de Topkapi en passant par Sainte-Sophie, mille ans de civilisations romaine, grecque et ottomane, mais un seul « esprit des lieux ». *©Rico Rostro - AGE / Hoa-qui*

Pendant des siècles, les formidables murailles de Constantinople ont empêché l'ennemi de l'envahir. Mais Bayezid Ier puis Mehmet II ajoutent deux verrous qui désormais, enferment les Byzantins : la forteresse d'Anadolu Hisar sur la rive asiatique et, en 1452, celle de Rumeli Hisar (ci-contre en haut) sur la côte européenne. L'asphyxie a commencé. Bysance va périr.
© Targa AGE / Hoa-Qui

Des murailles, des théâtres, des bains luxueux et des universités, des palais et des salles de jeu mais, surtout, des églises et, mère de toutes les futures cathédrales, la Sainte-Sagesse (Sainte-Sophie). Bâtie de 532 à 537 par Anthémius de Tralles et Isidore de Millet, c'était le plus grand sanctuaire chrétien. Et le plus beau. Sa silhouette a ensuite été terriblement alourdie par les contreforts rendus indispensables en raison des tremblements de terre à répétition. *© P. Essick / Aurora /Cosmos*

Bâtie en 532 par Justinien à proximité du quartier impérial, la citerne basilique Yerebatan Saray est un palais enterré (ci-contre en bas). Alimentés par l'aqueduc de Valens, chaque quartier avait ses réservoirs. Jamais l'eau n'a manqué dans la métropole cent fois assiégée. *© Erich Lessing / AKG , Paris*

Siège du gouvernement, du sultan et du harem, Topkapi est une ville dans la ville. Oratoires, bibliothèques, terrasses et pavillons se succèdent dans la « cité interdite » ottomane, le quartier réservé du sultan. © *Yann Arthus-Bertrand / Corbis*

En médaillon, le pavillon de Bagdad et le baldaquin d'Ibrahim Ier, contemporain du jeune Louis XIV. © *G.Dagli Orti*

De tout temps, Istanbul a d'abord été une fête. Étalée de tout son long entre trois mers, elle s'est beaucoup laissée vivre. Et elle était bien moins connue dans l'Empire pour ses casernes que pour ses fameux hammams, tel celui de Yemikaplica, réputé pour avoir soigné la goutte de Soliman le Magnifique.

L'Europe continue à trembler en prononçant le mot « janissaire », mais les Ottomans, eux, se laissent vite aller à la douceur de vivre dans la plus belle ville du monde. Princes et bourgeois se font bâtir de ravissants « yalis », pavillons de bois ou de marbre baignant sur la côte asiatique du Bosphore. © *Ramussen soren / SIPA*

Dès le XVIIIe siècle, les revers militaires se succèdent mais le Grand Bazar reste le premier marché du monde et l'or continue d'affluer vers la Sublime Porte. © *H. Fanthomme*

Au sommet de sa puissance, Soliman commande à Sinan son mausolée, merveilleux petit bijou coloré, enfoui dans le parc de la Süleymaniye, la plus belle mosquée d'Istanbul. © *H. Fanthomme*

Atatürk, lui, rend l'âme dans une chambre à l'austérité républicaine du palais de Dolmabahçe, sur les bords du Bosphore. © *H. Fanthomme*

biller la politique de jolies citations mais bien plus porté sur la poésie et la sagesse antiques que sur le dogmatisme chrétien verbeux. Quant aux élèves, ils arrivent d'Antioche, de Syracuse ou de Crimée – toutes ces provinces que les femmes savantes des beaux quartiers appellent le « désert » parce que le *vulgum pecus* n'y pratique pas les commodités de la conversation. Mais si les précieuses affectent de mépriser le reste de l'Empire, les ministères, eux, veillent sur lui. De très près.

L'arrivée de Constantin sur les rives de la Corne d'Or remonte aux calendes grecques mais la technocratie byzantine n'a jamais cédé les rênes. Telles les grenouilles envoyées en Égypte pour punir Pharaon, les fonctionnaires s'abattent sur les provinces et veillent à ce qu'elles payent leurs impôts. Le vin et l'huile du Péloponnèse, le blé de Thessalie et de Thrace, la soie de Thèbes assurent la prospérité de millions d'habitants. Les ports de Chypre, de Crète, de Syrie et du Pont-Euxin font la fortune de milliers de commerçants. La flotte marchande, plus nombreuse que jamais, hisse celui de la capitale au rang d'entreprise la plus prospère de tous les temps. Et tout tourne. La corruption est sévèrement châtiée. Les règles du jeu sont claires et nul n'y échappe. Les revenus du Trésor augmentent sans cesse sans que le fisc n'ait à multiplier les exactions. L'Empire, divisé en une trentaine de thèmes, est une infatigable vache à lait. Pas question pour les gouverneurs locaux de se façonner des petites baronnies indépendantes. Jamais l'administration centrale ne leur abandonnera le nerf de la guerre. Les impôts collectés sont tous rapatriés à Byzance qui, ensuite, mais seulement ensuite, renvoie les sommes nécessaires à l'entretien des troupes et aux salaires de la fonction publique. Parfois, en temps de guerre, l'ennemi intercepte un transfert de fonds mais, sur six siècles, ce système a fait ses preuves. Résultat : l'Empire centralisateur fonctionne à merveille alors que ses rivaux décentralisés s'effondrent. À Bagdad, qu'on surnommait la lune de l'univers dont Constantinople était le soleil, les califes perdront le pouvoir à force de se voir dépouiller de leur or par les lieutenants qui gouvernent les territoires lointains.

Aucun risque que cette mésaventure survienne au basileus. Ses ministres veillent et jamais leur vigilance ne se relâchera. Grâce à eux, au XIᵉ et au XIIᵉ siècle, la Cour est ivre de ses trésors. Et ça se voit !

Le spectacle qu'offre le palais impérial relève de la super-production hollywoodienne. La moindre cérémonie tourne au show. Autour du basileus et de son épouse, les princes et intimes parés de leurs titres de nobilissimes observent les dix-huit dignitaires officiels, les soixante détenteurs de charge et les soixante titulaires de hautes fonctions publiques. En petit comité, on est cent quatre-vingts vêtus de pourpre ou de soie et on porte sur le dos assez de trésors pour nourrir l'Afrique pendant un siècle. On ne transige pas avec l'étiquette. Le proto-cole fait la loi. Et lui seul car les empereurs, eux, ont la tête ailleurs. Pas toujours sur leurs épaules, du reste. Entre la mort de Basile II en 1025 et l'arrivée sur le trône d'Alexis Iᵉʳ Comnène en 1081, douze souverains vont se succéder. À la même époque, en France, entre 996 et 1108, seuls trois rois prennent place sur le trône : Robert II, Henri Iᵉʳ et Philippe Iᵉʳ. Ils bâtissent leur future nation. Rien de si grandiose à Byzance : les basileus ne laissent aucune trace de leur passage, sinon de sang. L'Histoire ne retiendra que deux femmes : Zoé et Théodora.

Leur père, Constantin VIII, le frère de Basile, était à moitié fou. D'une cruauté maladive, il sombrait ensuite dans des remords pathologiques. À peine vous avait-il fait crever les yeux qu'il vous couvrait de caresses. Gouverner, pour lui, c'était choisir chaque matin la mutilation qui agacerait agréa-blement sa vieillesse. Par chance, il ne régna que trois ans. N'ayant pas eu de fils, le sort de l'Empire échoua entre les mains de ses filles. Zoé, proche de la cinquantaine, retrouva une seconde jeunesse. Quand elle vit son père à l'agonie, elle épousa le premier sénateur venu, Romain Argyre et, le surlen-demain des noces, c'était fait : Romain III et elle occupaient le trône. Le premier soin de l'impératrice fut d'enfermer sa sœur dans un couvent, le second de convoquer tous les docteurs Diafoirus de la ville afin de trouver la fameuse poudre de perlimpinpin qui la mettrait enceinte. Naturellement, cela ne marcha pas. Et, naturellement, c'est Romain qu'elle rendit responsable. Comble de malchance pour lui, au cours d'une audience publique, Zoé tomba éperdument amoureuse d'un jeune Paphlagonien d'une beauté à renverser les trônes. Elle avait cinquante-cinq ans, il en avait dix-sept et, divine surprise, Romain se noya quelques jours plus tard dans sa baignoire. La Cour s'apprêtait à murmurer quand on lui apprit une nouvelle encore plus inouïe que ce meurtre : le patriarche venu prier sur la dépouille du basileus avait été accueilli au palais par l'impératrice et son nouvel époux, tous les deux portant la pourpre et la couronne ! Ce Michel IV ne fut d'ailleurs pas un mauvais roi. Il abandonna l'administration des finances à son frère aîné, Jean, un eunuque et, après une expédition militaire en Sicile, il écrasa une rébellion bulgare. Seulement, lui aussi avait des états d'âme. Associés à une épilepsie profonde, ses *mea culpa* à l'égard de Romain le menèrent à une dépression mortelle. À vingt-cinq ans, vêtu d'une robe de bure, il rendit l'âme dans le monastère où il se cachait. Son successeur, Michel V, régna quatre mois et onze jours avant d'être massacré par la foule. Son crime ? Avoir voulu se débarrasser de Zoé en l'accusant de régicide et en l'enfermant dans un monastère, sur une île de la mer de Marmara. L'émeute gronda, rien ne l'arrêta et, pour calmer la foule, il fallut couronner Zoé et Théodora. L'imbroglio était complet et la situation sans issue. On n'avait toujours pas d'empereur. Et pas question de compter sur Théodora, vieille fille incorrigible et irrémédiable grenouille de bénitier, pour se transformer en matrice impériale. Trop heureuse, Zoé se dévoua. Arrivée vierge à l'âge de 50 ans, elle mettait les bouchées doubles et fit rappeler d'exil Constantin Monomaque, un seigneur très séduisant que Michel IV avait éloigné après avoir observé les regards langoureux que sa femme lançait vers lui. À peine couronné, il appela près de lui Sklérène, la maîtresse chérie qui l'avait accompagné en exil à Lesbos, et ne s'intéressa qu'aux arts, aux sciences et aux hommes de culture. Sa Cour annonçait celle dont s'entourerait Laurent de Médicis et le prestige en rejaillit sur la ville mais c'est tout ce qui resta de son règne. Il ne put même pas empêcher le grand schisme de 1054 quand l'hystérie du patriarche Michel Cérulaire et l'arrogance des légats du pape menèrent à une double – et définitive – excommunication réciproque. Comment d'ailleurs le lui reprocher ? Personne, sur l'instant, ne crut la rupture irrémédiable. Il y en avait déjà eu tant. Et tant de désaccords la justifiaient. Rome prônait le célibat des prêtres, exigeait le jeûne du samedi et affirmait la double procession du Saint-Esprit dont Byzance ne voulait pas entendre parler. On se disputait sur tout, même sur la nature des hosties que le pape recommandait en pain azyme alors que le patriarche les souhaitait en pain fermenté ! Mais cela s'arrangerait, chacun en était sûr, lorsque la politique amènerait l'Empire et la papauté à s'allier. On n'allait pas briser la chrétienté pour des histoires de barbe et de farine. Mauvais calcul. On ne revint pas sur le schisme et Byzance, bientôt, en payerait le prix.

S'il avait espéré réparer la brouille, Constantin IX n'en eut pas le temps. Six mois plus tard, il rendait l'âme et Théodora, à soixante-dix-sept ans, se retrouva seule impératrice. Avant de mourir, elle désigna un haut fonctionnaire, Michel Bringas, pour lui succéder. Il eut la mauvaise idée de transformer la cérémonie annuelle de Pâques en tribunal des forces armées. Couvrant de reproches ses généraux, il se fit un ennemi du plus puissant d'entre eux, Isaac Comnène, qui fit sécession, mobilisa l'armée et, un an plus tard, déposa Michel VI. À peine nommé Isaac Ier souleva les montagnes. Pour réarmer, il saisit les biens des anciens favoris et s'attaqua à ceux de l'Église. Pour calmer les intrigues, il fit arrêter le patriarche Michel Cérulaire qui en mourut de rage et de saisissement. Pour briser l'ennemi, il alla écraser les Hongrois et les Petchenègues. Il travaillait jour et nuit. Byzance se disait qu'elle avait retrouvé un Justinien, un Héraclius ou un Basile. Par malheur, il contracta une pneumonie à la chasse et n'eut que le temps de nommer son successeur : Constantin Doukas, un héritier richissime et érudit qui haïssait l'armée et, sur les bons conseils de Psellos, le lui fit comprendre – juste au moment où faisaient leur apparition les Turcs seldjoukides. Constantin X fut un fléau qui ne laissa qu'une trace de son passage : Eudoxie, sa femme.

À peine veuve, elle jeta son dévolu sur le plus bel homme du palais : Romain Diogène, héritier d'une des grandes familles de l'Empire. Énergique, il rééquipa l'armée, forma un corps de bataille de soixante mille hommes et marcha sur les Turcs qui privilégiaient les escarmouches et détestaient les affrontements massifs. Malgré eux, la rencontre frontale eut lieu. À Mantzikert. Trahi par Andronic Doukas, son premier lieutenant, Romain eut beau se battre comme un héros, il tomba entre les mains du sultan Alp-Arslan qui le força à baiser le sol à ses pieds. L'humiliation était insupportable. On n'avait plus connu tel désastre depuis Yarmouk, aux pires heures du premier souffle guerrier arabe. Un complot animé par l'inévitable Psellos chassa Romain du trône qui revint à Jean Doukas, le père de celui qui avait provoqué le désastre. Pire encore : on énucléa Romain, on le ligota à une mule et on l'exila dans un monastère où il arriva, pour y mourir, les yeux grouillant de vers. Pour achever de l'humilier, Jean Doukas, devenu Michel VII, déchira le traité qu'il venait de signer avec le chef turc. Moyennant quoi, celui-ci reprit les hostilités et envahit l'Anatolie. Byzance pouvait bien continuer à danser, l'horizon commençait à sérieusement s'assombrir. La valse des empereurs tournait au bal tragique. Sans que rien ne puisse l'arrêter. Le trône était devenu un jouet entre les mains des grandes familles aristocratiques de l'Empire. Les Phocas, les Comnène et les Skleroi d'Asie Mineure, les Diogène et les Malinoi de Cappadoce, les Tornikios et les Bryenne de Macédoine, les Argyre et les Doukas de Constantinople occupaient toutes les grandes charges et ne cessaient de comploter. Sans oublier les Melissènoi, les Botanciatoi ou les Paleologues. Jamais ils n'acceptaient la victoire de leurs rivaux et, avec de tels ministres, les empereurs n'avaient entre les mains qu'un sceptre de coton. Ces clans puissants n'ayant pour lui que l'amour de la seringue pour une veine, l'Empire allait au grand galop sur la route du chaos. Rien ne semblait pouvoir l'arrêter.

Ainsi du règne de Michel VIII. Son incompétence provoqua des émeutes populaires, puis des mutineries militaires et il céda le pouvoir en 1078 à Nicéphore Botaniate, un général insurgé. Mais, capable de s'emparer du trône, ce pur militaire comprit vite qu'il ne saurait comment l'occuper. Honnête, il rappela lui-même à ses hôtes le vieux proverbe romain qui disait que Jupiter rend fous ceux qu'il veut éliminer. Or, lui, aimait sa ville et ne supportait plus de la voir perdre la tête. Conscient de sa responsabilité historique et heureux de mécontenter les grandes familles qui l'accablaient de leur mépris, il choisit au bout de trois ans d'abdiquer en faveur de son lieutenant le plus doué, un jeune général de vingt-quatre ans capable de résister à ses ministres, Alexis Comnène, soutenu, lui, par une coterie influente. Il était moins une. Byzance avait un besoin urgent d'une poigne de fer. Avec les Comnène, elle allait être servie. Une dynastie solide s'installait aux commandes. En un siècle, de 1081 à 1183, il n'y aurait que quatre empereurs. La ville sut qu'elle était en de bonnes mains et tout reprit comme avant.

Personne dans la cité n'était conscient du danger. Les coups d'État permanents suscitaient à peine l'étonnement. Il y a long-temps que la culture grecque simple et subtile s'était enlisée dans le dogme chrétien le plus obscur et l'apparat le plus voluptueux. Le spectacle affligeant de la cité interdite n'inquié-tait guère. Un courtisan habile, un ministre insidieux, un général adroit pouvaient accéder au trône. Et alors ? L'assas-sinat, l'usurpation, la déposition ou l'abdication faisaient partie de la vie gouvernementale au même titre que, chez nous, un remaniement ministériel. Qu'importe. Du Péloponnèse à la Libye et de la Crimée à la Syrie, toute la Méditerranée orientale parlait le grec. Cela tenait lieu de foi patriotique. Les chanson-niers serinaient que le basileus n'avait qu'un rival, Dieu lui-même. Malgré Mantzikert, les Turcs n'étaient qu'un groupe barbare de plus dont on viendrait peu à peu à bout. Ces gens-là ne faisaient pas la guerre à l'Empire : ils se soulevaient contre lui. Et, à terme, inévitablement, on leur fermait le clapet. Au lieu de pleurer, mieux valait en rire. Les œuvres comiques ne manquaient pas. Une littérature satirique abondante faisait ses délices des ridicules de la Cour et des riches. Contrefaisant le langage d'apparat des dignitaires plein de mots aussi grandiloquents que creux, des livres moqueurs s'autorisaient les agressions les plus hardies contres les puissants. Dans sa *Satire contre les higoumènes*, Théodore Prodomme, l'Aristophane byzantin, mit en scène un monastère où l'on ne songeait qu'à ripailler et à forniquer. Cent petits auteurs l'imitèrent. Certains remportaient un succès inouï en se jouant du double langage de la classe dirigeante. *L'Enseignement du roi Salomon à son fils Roboam* sera le livre le plus populaire de Byzance à son apogée. Présenté comme un texte de haute morale, c'est un bréviaire de l'hypocrisie et un manuel de savoir-vivre en dehors de toute morale mais à l'abri de tout reproche. Rien n'amusait plus Byzance que l'éreintement de ses propres travers. Ne faisaient-ils pas sa singularité ? Donc sa personnalité. Et, pour finir, sa puissance !

Peut-être et même sans doute car, enivrée de sa gloire, Constantinople ne voyait pas que tout était en train de changer. Le danger turc, c'est-à-dire païen, lui cachait un rival bien plus menaçant. Sous les traits de l'amitié, en effet, un ennemi mortel s'avançait. Il était chrétien et marchand. Manipulés par Venise, les croisés allaient s'abattre sur la Ville des villes. Et, avec eux, l'émerveillement allait très vite tourner à la convoitise, l'admiration à la jalousie, la reconnaissance à la rancœur et la fraternité à l'assassinat. Mais plus tard. Toujours plus tard.

KYRIE ELEISON :
LES SOUDARDS FRANCS
MASSACRENT LES PILLARDS TURCS

Trêve de plaisanterie. En 1081, Byzance estime qu'elle en a soupé des hurluberlus à la tête de l'État. Assez de ces souverains qui ne laissent que des souvenirs pittoresques et des anecdotes farfelues. On a tout vu. Théophano, la femme de Léon VI, portait des haillons, priait du matin au soir, mangeait des légumes à l'eau et dormait dans le palais sur une natte de paille posée par terre. Lui faire enfiler une tenue rituelle les jours de cérémonie exigeait des trésors de diplomatie. Et, cinquante ans plus tard, la Théophano suivante, fille de cabaretier ayant troqué le torchon pour la pourpre, avait épousé le jeune Romain II, puis le vieux Nicéphore Phocas avant de le faire assassiner par son amant, Jean Tzimiskès, le troisième basileus amené dans ses rets et, surtout, dans son lit. Sur quoi, ayant goûté aux charmes de trois empereurs, elle vit monter sur le trône le plus brillant de tous, son fils, Basile II. Ce n'était même pas un *soap opera* à la façon mérovingienne, c'était Byzance dans le cours normal de son épopée. Personne ne s'en étonnait vraiment. Mais, désormais, Byzance sent qu'elle a besoin d'un basileus moins « petit doigt en l'air ». Il lui faut une sorte de brute à la Héraclius, à la Basile Ier ou à la Basile II. Miracle : il est là. Alexis Comnène entre en scène.

75

Il a vingt-quatre ans et, déjà, derrière lui, dix ans de campagnes sur tous les fronts. Mais, autant que les forteresses, il fait tomber les cœurs. Non pas qu'il soit beau. Petit, trapu, barbu, il a la grâce d'une cuisinière à charbon mais les femmes sentent que, de toute manière, elles ne lui résisteront pas. Du reste, il n'en abuse pas. Il marivaude « utile ». Ambitieux, il a épousé Irène Doukas, l'héritière de la famille la plus puissante de l'Empire. Prévoyant, il a aussi amené dans son lit Marie d'Alanie, la veuve ravissante de Michel VII, qui a, depuis, épousé Nicéphore III. Mariée avec le trône, elle l'offre à ce jeune général énergique et de sang impérial puisque neveu d'Isaac Ier. Après un semblant de coup d'État, l'affaire est faite, Nicéphore enfermé dans un couvent et, bientôt, Marie réexpédiée dans ses pénates avec l'ordre de ne pas en sortir. La reconnaissance n'étouffera jamais Alexis. Tant mieux car tout son règne va se passer à jouer des uns contre les autres. Avec un génie de la circonstance qui fera du soixante-seizième empereur le sauveur de la ville.

Les ennemis sont partout. À l'ouest, Robert Guiscard règne sur la Sicile et la Calabre et ne fait pas mystère de son intention de briguer la couronne impériale. Au nord, les Petchenègues constituent une énorme armée. À l'est, depuis le désastre de Mantzikert, les infidèles mènent des razzias jusqu'aux portes de la capitale. Tout semble perdu. Byzance n'a plus que trois cartes dans son jeu : de l'or (un peu), des espions (beaucoup) et sa foi. Les Vénitiens veulen.. le premier et le pape compte sur la troisième pour réunifier la chrétienté mais Alexis puise surtout dans sa réserve personnelle de promesses qui n'engagent que ceux qui les croient. Et cela marche. Au-delà de toutes ses espérances.

Premier ennemi, premier servi : Robert Guiscard. C'est un normand et il est devenu chef de guerre en Italie. Un vrai génie. En trente ans, il s'est bâti un royaume et a chassé les Sarrasins de Sicile. Ses sujets parlent le grec et ses églises sont de rite byzantin. Sa Cour lui suggère donc de songer à Constantinople. En 1081, l'année même de l'élection d'Alexis, il attaque. Ses navires assiègent Durazzo, la porte de l'Adriatique d'où part la fameuse Via Egnatia, artère vitale de l'Empire dans les Balkans. Alexis réagit en bon Byzantin. *Primo :* il offre des avantages commerciaux énormes aux Vénitiens pour qu'ils détruisent cette flotte qui risque de les enfermer, eux, dans l'Adriatique. *Secundo :* il finance Abelard, un neveu de Robert, et Henri IV, roi des Romains, pour qu'ils soulèvent les peuples de Calabre et de Sicile. *Tertio :* il engage des mercenaires susceptibles de haïr les Normands. Ça tombe bien : le marché en regorge. Des milliers d'Anglais ne demandent qu'à venger le désastre d'Hastings. Alexis les enrôle dans la fameuse division des Varange, la phalange la plus redoutée de l'Empire, une sorte de garde prétorienne formée en général de Russes et de Vikings. Armés de leurs haches qu'ils font tournoyer contre les cavaliers ennemis, ils arrivent précédés d'une réputation cauchemardesque. Ils vont être massacrés mais Robert doit plier bagages. Et quand il revient en 1084, s'il anéantit la flotte vénitienne qui à nouveau entend lui barrer la route, il voit son corps expéditionnaire balayé par la typhoïde. Tous les alliés sont bons pour Alexis, même les virus. L'alerte a été chaude.

Seconde étape : les Petchenègues. Turcs et nomades, descendant de la Caspienne, ils viennent de ravager les côtes de la mer Noire et menacent en permanence Kiev. Soudain, une troupe énorme s'abat sur Byzance. Ce n'est pas une simple armée, c'est toute la population petchenègue. Alexis sait qu'il n'a aucune chance. Face à une telle horde, il faut aligner un peuple entier. À n'importe quel prix ! Un impôt écrasant est levé, le clergé est rançonné, un trésor est constitué et on l'offre aux Comans. C'est le nouveau nom des Scythes. Ils viennent de Sibérie et, eux aussi, rêvent de s'emparer de Kiev qui, en secret, envoie de l'or à Byzance. Si ces deux engeances pouvaient s'entre-tuer, les civilisés souffleraient un peu. Et c'est ce qui se produit : à l'embouchure de la Maritza, en Bulgarie, en 1091, les Petchenègues sont anéantis. Un massacre définitif : hommes, femmes et enfants. Un génocide complet accompli en trois jours. Les généraux byzantins eux-mêmes refusent d'en parler. Sauf Alexis, qui s'offre un triomphe à l'antique et traverse sa capitale sur un océan de tapis et sous un flot d'acclamations de la porte d'Andrinople à Sainte-Sophie en passant par l'église des Saints-Apôtres, le forum du Taurus et celui de Constantin. L'Occident est pacifié, reste à reconquérir l'Orient. Alexis s'y met sur-le-champ. À sa bonne vieille manière : en confiant le sale boulot aux autres.

Après tout, ces Turcs sont des musulmans. Que Rome et ses chefs militaires viennent donc à la rescousse ! À cette fin, il envoie des lettres à plusieurs souverains d'Europe et y sanglote sur cette pauvre Jérusalem tombée entre les mains des Seldjoukides, ses pires ennemis. Des larmes de crocodile ! Aucun vizir n'interdit les pèlerinages chrétiens en Terre sainte, loin de là. Brindisi, Bari et Amalfi, en Italie, se sont fait une spécialité de transporter par mer les croyants les plus fervents. Par voie de terre, de nombreux monastères les accueillent aussi en Allemagne, en Hongrie, puis dans l'Empire. En 1064, un groupe de sept mille fidèles allemands s'est rendu à pied à Jérusalem sous la conduite de l'évêque de Ratisbonne. Sur place, les chrétiens administrent des hôtels, des hospices et des monastères. Mais Alexis trouve les mots pour feindre le désespoir... Et cela marche ! D'autant mieux que, dès 1062, le pape Alexandre II a accordé le pardon de toutes les fautes à ceux qui combattent les musulmans. L'Occident s'agite, s'affole, s'enflamme et, pour finir, s'arme. Voici venu le temps des croisades. Byzance n'arrive pas à y croire : c'est trop beau pour être vrai. Les soudards francs vont la débarrasser des maraudeurs turcs. Alléluia !

Et Dieu veille. Tout se passe comme dans un rêve. Quatre armées surviennent. Les Provençaux menés par Raymond de Toulouse, les Lorrains commandés par Godefroy de Bouillon, les Francs sous les ordres d'Hugues de Vermandois, jeune frère de Philippe Ier de France, et les Siciliens de Bohémond de Tarente, le fils du maudit Guiscard. Urbain II, le pape, a fait des merveilles. On ne dirait jamais que tous ces seigneurs de la guerre guignaient encore les terres de l'autre un an plus tôt.

Toutes les plaies ont cicatrisé. La chrétienté joue la dévote et rien n'arrête le rouleau compresseur des « soldats du Christ ». Surtout pas Byzance. Alexis se hâte de faire passer le Bosphore à ces troupes puissantes et curieuses qui n'en finissent pas de s'extasier sur sa capitale. Il n'a qu'une hâte : les jeter contre les Turcs. Ça tombe bien. Ces visiteurs n'ont qu'une envie : se battre. Aussitôt dit, aussitôt fait : les croisés reprennent Nicée, rétablissent la souveraineté impériale sur l'ouest de l'Anatolie, écrasent l'armée seldjoukide à Dorylée, s'emparent d'Antioche, balayent tout devant eux. En deux ans, un siècle de gabegie byzantine est effacé. Les bouseux venus de France et d'Italie ramènent partout la bannière du basileus. Mieux encore : ils n'ont même pas le temps d'y réfléchir et de réclamer une récompense. Jérusalem est là, proie sacrée infiniment plus tentante. Le 15 juillet 1099, c'est fait : la Ville sainte tombe. Un flot de sang efface toutes les disputes. Godefroy s'offre le royaume de Jérusalem, Bohémond s'octroie la principauté d'Antioche, Baudouin de Boulogne s'attribue le comté d'Édesse et, derrière, à l'abri, enchanté, Alexis se frotte les mains. Les Comans, les Francs et les Vénitiens ont bien travaillé : sa capitale règne à nouveau sur un immense empire. Et aucun risque que les Turcs reviennent l'assaillir : toutes ces petites brutes exotiques venues de Paris et de Narbonne se chargeront de les renvoyer à la niche.

En effet. Pendant un siècle, les croisés vont occuper les infidèles tandis que Byzance se roulera à nouveau dans la soie. Les États latins s'imposent assez vite. Ils ne cessent de se disputer entre eux mais, quand ils entrent en guerre contre les Sarrasins, leur cavalerie lourde fait l'effet d'une division blindée et le résultat est longtemps spectaculaire. D'autant que certains de leurs souverains se révèlent habiles. Baudouin de Boulogne, Amaury de Jérusalem, Tancrède d'Antioche remportent de brillantes victoires, entrent au Caire, assiègent Damas, bref occupent le terrain. Baudouin IV de Jérusalem, l'adolescent lépreux, inflige même une défaite écrasante au redoutable Saladin en 1177 à Montgisard : à dix-sept ans, avec trois cents chevaliers, il écrase une mer de soldats sarrasins. Ces petits rois ne luttent d'ailleurs pas seuls. De Rome, le pape entretient de puissants ordres guerriers religieux : les Hospitaliers de Saint-Jean, les Templiers, les Chevaliers du Saint-Sépulcre, d'autres encore, tiennent des forteresses. De Gênes et de Venise proviennent aussi des fonds versés par les deux grandes républiques commerçantes intéressées à maintenir un puissant courant d'échanges entre la Palestine et l'Occident. Chypre, Malte et Rhodes échappent pour des siècles aux Arabes. La Méditerranée redevient un lac plus chrétien que musulman. Quand Alexis meurt en 1118, la première croisade s'est révélée un don du ciel.

Son fils Jean en est un second. Les cheveux bouclés, le teint sombre, les yeux noirs, on le surnomme « le Maure » et il a la sagesse tranquille des souverains musulmans raffinés mais c'est aussi un excellent guerrier : en vingt-cinq ans de règne, il rétablit sans s'agiter l'autorité de l'empire de Byzance à Antioche et, blessé à la chasse, il a le temps sur son lit de mort de désigner pour successeur son fils le plus calme, donc le plus accessible aux bons conseils, Manuel. Les Comnène fascinent leur ville. Surtout ce nouveau basileus : Manuel, immense, est le plus bel homme de l'Empire. Intellectuel byzantin typique toujours enchanté de débattre d'un rien de doctrine, c'est aussi un cavalier exceptionnel. Il aime la guerre et la paix, la politique et les femmes, le sucré et le salé, la chrétienté et... l'islam ! Sacrilège scandaleux : non seulement, il invite le sultan seldjoukide à visiter Constantinople mais il l'escorte lors d'une procession solennelle jusqu'à Sainte-Sophie. Tout est fait pour émerveiller le souverain turc. Quand Manuel le reçoit en audience plénière, assis sur un trône d'or serti de saphirs, il porte au cou un rubis de la taille d'une pomme. Chaque jour, on offre au visiteur de la vaisselle d'or pour les plats divins qu'on lui livre. On donne des fêtes somptueuses. À tout hasard, pour lui laisser de quoi méditer, on organise sous les remparts une joute nautique achevée par une démonstration des effets du feu grégeois. Avec ça, on se quitte grands amis.

À Rome, cet œcuménisme passe très mal. Le fossé se creuse entre croisés d'Occident et Byzantins. D'autant que la deuxième croisade tourne à la catastrophe. Louis VII, le roi de France, y perd ses troupes, ses illusions et, surtout, sa femme. Aliénor d'Aquitaine ne s'est pas entichée de Constantinople, elle s'en est littéralement toquée. De ses palais comme de ses jeunes gens, de ses églises comme de ses jardins, de ceci comme de cela... Ce qui devait arriver arrive : pour finir, elle tombe dans les bras de Raymond d'Antioche. Il faut que Louis l'enchaîne pour qu'elle daigne l'accompagner à Jérusalem. À peine rentré en France après le siège court, piteux et inutile de Damas, il la répudie. Mais il en veut à mort à Byzance, ce repaire de dégénérés, de chicaneurs efféminés et de brigands manucurés qui roulent de la pupille, ondulent du popotin, vous facturent le blé au prix de l'or et, en prime, volent vos femmes. Et il n'est pas le seul à vociférer contre la décadence grecque.

En chaire, à Cîteaux, saint Bernard ne décolère pas face à l'échec de sa croisade. Il l'a prêchée lui-même à Vézelay. Emporté par sa propre éloquence, à la fin de son interminable sermon, il a lacéré sa soutane pour la distribuer aux premiers croisés. Sa piété perpétuelle, son ascétisme, son goût pour la discipline la plus sévère, son refus du luxe et sa guerre contre la pompe du clergé de Cluny, tout fait de lui un patriarche austère et lugubre. Il n'a pas de mot assez insinuants pour dénoncer la duplicité de Byzance, sa soif de richesses, sa foi dénaturée et son amitié suspecte pour les infidèles qu'elle côtoie de trop près. Selon lui, si les Turcs se sont joués de Louis VII et de Conrad III d'Allemagne, c'est grâce à Manuel qui les informait de tous leurs plans. Personne ne peut le prouver mais cela semble plausible à tous. L'Occident n'a que mépris pour les chrétiens d'Orient. Les Grecs de Byzance, bien entendu. Mais aussi les Latins des royaumes croisés. À Paris, on les appelle les « poulains » – sobriquet familier qui stigmatise la nervosité, l'immaturité et la fragilité de ces rois d'opérette qui ne savent qu'appeler à l'aide.

Quand la troisième croisade menée par Richard Cœur de Lion arrive en Terre sainte, les jeux sont faits. Saladin règne sur Jérusalem et le roi anglais passe son temps à essayer de raccommoder les Francs de Palestine qui se haïssent les uns les autres. Lorsqu'il rembarque, l'épopée a tourné à l'apocalypse : massacres inutiles, sermons trahis, alliances contre nature et, à l'arrivée, défaite complète en rase campagne. Toute la chrétienté pleure sauf Byzance. À Constantinople, désormais, on le sait : les croisés étaient des fléaux. Et des imbéciles ! De gros malabars communs comme le pain d'orge et manipulés. Par qui ? Par Venise, bien sûr !

Cette fois-ci, enfin, Byzance a ouvert les yeux. Et identifié son ennemie mortelle, celle qui la tuera, la Sérénissime. Elle la connaît bien. Très bien même. C'est sa fille naturelle. Suspendue entre le ciel et la mer, installée là où seuls les poissons devraient vivre, elle est devenue le plus redoutable des monstres marins : un vrai requin. Mais prudent. Souvent noyée dans les brumes, c'est une tueuse et une fée masquée, indécise, méandreuse et silencieuse. Elle cache sa rapacité sous le masque du carnaval et sous l'onctuosité du marchand. Cependant, si cent clochers piquent la lagune comme les épines d'une rose, elle ne voue de culte sincère qu'à l'argent qui, ici, a l'odeur de la mer. La ville se dit mariée à Neptune, dieu des Océans, mais, jour et nuit, elle tripote Mercure, dieu du Commerce – et des voleurs. Bâtie sur la boue et les pieds dans la vase, aucune basse besogne ne la dégoûte. Rien, alors, ne réveille sa mauvaise conscience. Ses gondoles se dandinent au gré des flots et ses galères se balancent mais la République, elle, ne tremble jamais. Le doge, leur tyran élu, est le roi du contrat d'alliance à durée déterminée, de l'amitié rémunérée et de la négociation pharisienne. Ne lui parlez pas de principes, il s'endort. Abordez la question des droits de douane et chaque clause le passionne. Son enfant chéri s'appelle l'Arsenal. C'est le plus grand chantier naval de tous les temps. Trois mille ouvriers y travaillent comme des esclaves. En période de crise, ils peuvent fabriquer un vaisseau de guerre par jour. Chaque clan a sa flotte. Les Manin, les Contarini, les Foscari, les Morosini, les Gritti, les Loredan, les Venier, les Corner et les autres se considèrent comme les amiraux de Dieu. Bientôt, ils donneront des papes à l'Église. Pour l'instant, ils vont faire semblant de la réunifier. Et, à cette fin, au passage, détruire enfin leur grande rivale, Constantinople, qui a fait de la Corne d'Or une insurpassable mer d'accueil, réceptacle honni des trésors qui leur échappent. Cela dit, rien ne presse. La Sérénissime a des hommes à elle partout dans la Ville des villes. Des marchands. Qui ne détruisent pas les lieux qu'ils investissent mais les évaluent. Et là, ils sondent un trésor sans fond.

Depuis mille ans la ville prospère et jamais, au grand jamais, un ennemi ne s'est emparé d'elle. Dans ses palais, ses églises et ses maisons dorment des siècles et des siècles de bénéfices commerciaux et de prises de guerre. Inutile de dire que les Vénitiens salivent. D'autant qu'à beaucoup le fréquenter, voire à l'aider, ils ont perçu les faiblesses de l'Empire. Cette immense statue d'or repose sur un socle en argile. Cela donne aux Vénitiens des idées dangereuses. À l'occasion, leur flotte aide le basileus mais, à d'autres, elle l'attaque. Ils occupent Rhodes, Chio, Samos, Lesbos et, en 1171, sans l'intervention providentielle de la peste qui décima ses navires, le doge Vitale Michele aurait bel et bien fait le siège de la capitale. C'est dire si l'Empire divin et la République marchande se regardent en chiens de faïence. Venise attend, patiente, prête à sauter sur l'occasion. Tant que les Comnène règnent avec fermeté, elle n'abat pas son jeu. Quand le dernier monte sur le trône, il suffit d'une étincelle pour que tout saute. Faites confiance à Andronic Comnène. Il l'allume dès le premier instant. C'est un fou. Merveilleux mais incurable.

Andronic est un mélange d'Alcibiade et de César Borgia. C'est le seigneur le plus imposant de l'Empire : il mesure 1,90 mètre. Beau comme un dieu, il est retors comme le diable. Il réussit tout ce qu'il entreprend mais, à peine le succès acquis, il passe à autre chose. Au service de son cousin Manuel, il a vaincu les Hongrois et les Turcs mais a ensuite signé avec eux des traités particuliers. Toutes les femmes de la Cour ont eu droit à ses avances. Une quantité a cédé. Cela lui vaut des inimitiés mortelles parmi les princes de l'Empire mais il efface ses mufleries par son romantisme. Tombé amoureux fou de Théodora, une nièce de Manuel, il est parti avec elle se réfugier à Bagdad où le calife lui a offert un palais fastueux. Là, comme d'habitude, comme à Kiev, quinze ans plus tôt, il a comploté contre l'Empire. Puis il est rentré, a été enfermé dans une des tours du palais impérial et s'est enfui. Sa vie est un roman. Le peuple l'aime et le prend pour un Robin des Bois de sang impérial. Sa popularité est d'autant plus forte qu'il ne cache pas son hostilité aux Latins, tous ces Italiens et ces Francs qui ont envahi la Cour et occupent les plus hautes fonctions depuis que Marie d'Antioche, la veuve de Manuel, une Franque, assure la régence. En août 1182, ses agents jettent la plèbe dans la rue et massacrent des milliers d'étrangers. Un seul mot d'ordre : « Pas de quartier. » Les vieillards et les infirmes sont précipités dans le port, les hôpitaux incendiés, les femmes violées. C'est le chaos. Andronic arrive en sauveur et fait enfermer la régente et son fils, Alexis II, le nouveau basileus. Cette fois, les jeux sont faits : Byzance s'est engagée sur la pente du désastre. Elle va la dévaler.

En un siècle, les Comnène avaient rétabli l'Empire dans ses frontières et rendu au palais son rôle de lieu somptueux où se décide froidement le sort de tous. Foin de cet ordre ! Place au bon vieux délire byzantin : Marie d'Antioche est abattue dans sa cellule puis Alexis, le jeune empereur, qui a dû mettre son cachet à l'ordre d'exécution de sa mère (!), est étranglé avec la corde d'un arc. Comme cela ne suffit pas à Andronic, il se fait livrer le corps et piétine publiquement le cadavre. Pour ajouter au sacrilège, dans la foulée, il épouse la femme de l'adolescent, Anne de France, la fille de Louis VII : elle a onze ans, il en a soixante-trois. L'enfer est de retour. Avec ses avantages, d'ailleurs. Par démagogie, Andronic sème la terreur parmi les privilégiés qu'il rançonne mais il baisse les impôts des commerçants et l'activité se retrouve vite florissante. Seulement sa cruauté devient pathologique. Il lui faut chaque jour de nouvelles victimes. Et l'énoncé des tortures qu'il inflige donne à tous la chair de poule. Ce sont les « cent vingt jours de Sodome » au palais : Andronic s'abandonne à une ivresse frénétique de meurtres et de sexe.

Venise jubile. D'abord, elle obtient de gros dédommagements pour le massacre qui a mené Andronic sur le trône. Ensuite, elle finance Guillaume II de Sicile dans la énième campagne sicilienne contre Byzance. Et, cette fois-ci, le succès est au rendez-vous : les Siciliens débarquent à Durazzo, prennent la ville et s'emparent de Thessalonique qu'ils pillent totalement. Un carnage si affreux que la capitale est submergée par la peur. Et, du coup, se rue au palais pour en finir avec le fou furieux. On lui arrache les cheveux et on lui casse toutes les dents à coups de poing. Puis, avant de l'enfermer dans une oubliette, on lui tranche une main et le sexe. Au bout de quelques jours, on l'en extrait, on lui crève un œil avant de l'attacher à un chameau et on le promène en ville où aucun affront ne lui est épargné. Quand il arrive couvert d'excréments au lieu de son supplice, on le pend par les pieds. Inouï : il est encore vivant. Pas longtemps. Lorsque, enfin, il rend l'âme, celle de Byzance s'échappe avec lui.

Quant à Venise, elle accélère les préparatifs. Et pour que les choses soient claires, elle élit Enrico Dandolo comme doge. C'est le pire ennemi de Byzance. En 1173, venu au nom de la Sérénissime réclamer à Manuel Ier la libération de ses ambassadeurs prisonniers, il a eu les yeux brûlés. Par un sabre porté au rouge ! Sans perdre tout à fait la vue, il s'est juré de voir ramper à ses pieds la pimbêche impériale. Depuis, il patiente, réfléchit et peaufine son plan. Il a quatre-vingts ans mais toute sa tête. À peine élu doge, il abat sa carte. Elle porte un nom bien connu : croisade. Ce sera la quatrième et celle-ci n'enrichira pas les basileus. Le dernier acte de l'épopée byzantine va s'ouvrir.

1204 : SANGLANTE O.P.A.
LES MARCHANDS DE VENISE FONT
MAIN-BASSE SUR CONSTANTINOPLE

Cent quatre ans de règne et à peine quatre souverains. Les Comnène ont rallumé les feux. Byzance est de retour, plus belle que jamais. Les voyageurs, en extase devant la prospérité de ses habitants, écrivent que « chacun d'eux y est sous sa vigne et sous son figuier ». Le spectacle ne cesse jamais. Un noble, vêtu avec un luxe extravagant pour les Occidentaux, ne s'aventure pas dans la rue sans son escorte d'esclaves et d'eunuques. Les marchés regorgent de victuailles et de matières précieuses. Les bâtiments, surtout, laissent songeurs. On les voit et on rêve de la puissance de Rome et du vice de Babylone. Les églises, les palais, les demeures aristocratiques, les hauts immeubles de rapport, les ruelles sordides et les forums de marbre s'enchevêtrent dans un déséquilibre grandiose. Toutes les couleurs de l'univers et tous ses trésors s'entassent sous les couvercles luisant au soleil des basiliques. Une féerie orientale insurpassable baigne une cité chrétienne. Et, partout, de nouveaux bâtiments se dressent. Plus puissantes que jamais, les grandes familles multiplient les résidences somptueuses. Et les empereurs, l'un après l'autre, gravent leur trace dans le marbre de sanctuaires superbes : la Peribletos, les Saints-Anargyres, Saint-Georges des Manganes, l'Orphanotropheion d'Alexis Ier et, surtout, le Pancrator de son fils, Jean II, où est conservée l'effigie de la Vierge tracée de la main de saint Luc ! Sans parler du plus saisissant de tous : le palais des Blachernes.

C'est la nouvelle résidence du basileus. Échaudé par la valse de ses prédécesseurs que la foule venait huer, si ce n'est lyncher, sous les fenêtres du palais impérial, Alexis Comnène a déménagé le siège du pouvoir suprême. Abandonnant les parages insurrectionnels de l'Hippodrome et de Sainte-Sophie, il s'est installé aux Blachernes, à l'extrémité de la ville, contre les remparts, les pieds dans la Corne d'Or. Au lieu de foules en colère, il observe les mouettes sur la mer, les blés dans la plaine et les coupoles dans la cité. Pour ne pas paraître un pleutre, il a prétendu mettre la nouvelle dynastie sous la protection de l'église voisine de la Vierge des Blachernes, le sanctuaire le plus vénéré de l'Empire, celui qui conserve l'icône qu'on promène aux heures graves sur les remparts. Et là, il s'est bâti un vrai palais byzantin : un rêve. Tout n'est que luxe, calme et volupté, or, marbre et pierreries. Les hôtes étrangers reçus ici disent qu'avant d'y pénétrer, ils ignoraient ce que recouvre l'expression « douceur de vivre ». Dans les jardins on goûte les voluptés du silence et de la fraîcheur, dans les salles tapissées de mosaïque et de marbre on se laisse bercer par le chuchotement de l'eau des fontaines. Tout est somptueux sans rien de grandiloquent. Du reste, on ne pratique pas aux Blachernes le cérémonial parodique à force de prosternations qu'on réserve aux audiences officielles du palais impérial. Pas question ici de se jeter face contre terre quand l'empereur paraît. Et inutile pour lui de passer par le truchement d'un haut fonctionnaire pour parler à son interlocuteur. C'est plutôt Sans-Souci que Versailles. La gaieté et la joie de vivre ont remplacé l'étiquette et le protocole. Là encore, l'Occident va prendre des leçons à la première Cour où se pratiquent l'amour courtois, l'élégance légère et la compétition chevaleresque. Les étrangers s'extasient face à cet enclos de sérénité perché au bord de l'infatigable agitation des deux cent cinquante mille habitants de la Ville des villes. Quand ils ressortent, en revanche, le vacarme leur saute au visage. Le commerce semble plus actif que jamais. À toute heure arrivent les convois asiatiques de Nicée, Brousse ou Nicomédie et les équipages grecs de Corinthe, Athènes, Thèbes ou Thessalonique. Constantinople brille de mille éclats. Bien entendu, elle alimente sans relâche la convoitise.

Un homme le sait et compte exploiter cette envie. Il connaît les démangeaisons qui s'emparent des souverains occidentaux quand on évoque Byzance. Et lui, on ne lui fait pas prendre du métal doré pour de l'or. Enrico Dandolo ne s'arrête pas à l'apparence des choses. Au lieu de voir le monde en rêveur ou en poète, il l'analyse en comptable. Alors la vérité lui saute aux yeux : les actifs de Byzance ne couvrent plus son passif. Le capital est atteint. Le système des stratiotes, les paysans-soldats, établis sur leurs propres terres et pourvoyant à leur équipement, est mort. Comme est moribond son corollaire, la petite propriété qui a fait la cohésion de l'Empire et l'abondance de ses recettes fiscales. L'administration fiscale des Comnène a cédé aux oukases des grandes familles latifundiaires. La colonne vertébrale de l'Empire, ses hommes libres, est fêlée. Partout le servage se répand. Plus grave encore, la toute-puissance des fonctionnaires s'évanouit. Pris par des besoins d'argent, l'empereur a vendu les charges. Affermant l'impôt, il ne le contrôle presque plus. Et, le contrôlant mal, il ne le perçoit guère. Un pays puissant fondé sur les principes de la République romaine s'est transformé en État féodal asservi aux intérêts de la haute noblesse. Les marchés sont pleins mais la paysannerie se désagrège. Les grands fiefs ont gagné la partie. Une fonction publique parallèle collecte les taxes pour l'aristocratie, écrasant les pauvres et échappant à l'État. Ruinés, des hommes vendent leur liberté pour entrer dans la clientèle d'un grand seigneur. L'esclavage consenti envahit les rues. Jamais la ville n'a eu de si beaux palais mais jamais le basileus n'a eu les poches si vides. Sans espoir de les remplir. En sept cents ans, la monnaie n'avait connu aucune fluctuation mais à présent l'âge des dévaluations est ouvert. On met en circulation des pièces à fausse teneur en or. Pour cacher cette décadence, les Comnène en rajoutent dans le décorum et créent des ribambelles de titres. S'y retrouver dans le dédale des préséances exige désormais un diplôme du troisième cycle. Il y avait les sébastes et les protosébastes ; il faut compter avec les panhypersébastes, les sébastohyperstatoï, les pansébastohyperstatoï et les protopansébastohyperstatoï. La variété des dignités se révèle inépuisable. Les moqueurs s'amusent. Dandolo se frotte les mains.

Lui ne se fie pas aux défilés, aux joutes poétiques et aux tournois de gala. Il n'a qu'une religion : les chiffres. Ceux-ci lui disent que l'État byzantin est en cessation de paiement. Là où les autres voient des brocarts, lui, l'aveugle, a repéré de vieux paillassons élimés. Le pays est riche mais l'empereur ruiné. S'il n'en fallait qu'une preuve, la flotte de guerre la lui aurait fournie. On l'a dissoute ! La défense maritime a été confiée à Venise elle-même. Des navires pourrissent dans le port, inutilisables. L'amiral en chef en a vendu les voiles, les gréements et même les ancres – quand ce ne sont pas les équipages. Le temps des puissantes escadres byzantines de dromons à deux files de rameurs est loin. Dire qu'on avait surnommé un empereur le « Calfateur » parce qu'il descendait d'un charpentier de marine. On n'en trouve presque plus sur le port. Byzance est peut-être le plus beau fruit du jardin terrestre mais il va tomber. Et vite. Ne reste qu'à attendre l'occasion.

Ce n'est pas long. La folie d'Andronic Comnène a ressuscité le bon vieux chaos byzantin. Assassiné par une foule haineuse, il a été remplacé par Isaac Ange, un homme surgi de nulle part qui, le jour du meurtre, est allé se laver les mains avec le sang de son prédécesseur. Ces Ange ne feront que passer mais ce qu'ils annoncent, eux, c'est l'apocalypse. Isaac II, le premier, vend les grandes charges de l'État comme une harengère du vieux port liquide ses rascasses. Saladin prend Jérusalem, les Bulgares sont de retour, les Turcs grignotent l'Asie Mineure et lui recule. Tout ce qu'il touche se dérobe, surtout l'argent qu'il « flambe » comme un satrape pour donner à sa Cour l'éclat dont ses origines et son action la privent. Chaque soir, au palais impérial, on joue *Danse au-dessous du volcan*. Tombé de l'insignifiance dans l'importance, ce pauvre Isaac se prend pour son icône et se croit le maître du monde. Donc il s'autorise à faire n'importe quoi, c'est-à-dire rien. L'Empire part en morceaux mais il ne le voit pas. Quand les débris lui piquent les yeux, il pense que ce sont des poussières d'étoiles. C'est si alarmant que son frère l'arrête, lui tranche les pupilles, l'enferme et lui succède sous le nom d'Alexis III. Avec lui, rien ne s'arrange, tout s'aggrave. À commencer par la haine des Byzantins à l'égard des Occidentaux. La troisième croisade a achevé de prouver leur médiocrité et leur duplicité : Richard Cœur de Lion, le fils de cette « dégénérée » Aliénor d'Aquitaine, est devenu l'ami de Saladin, a échoué piteusement devant Jérusalem et, pour finir, à part Saint-Jean d'Acre, n'a remporté qu'un seul trophée, Chypre, une île byzantine, qu'il a volée à l'Empire pour la remettre à Gui de Lusignan, un autre de ces maudits Latins. La Ville des villes voue tous les papistes aux gémonies. Malheureusement pour elle, c'est réciproque. De Rome à Paris et de Londres à Cologne, on n'en peut plus de Constantinople, de ses digressions, de ses divagations, de ses querelles oiseuses et de ses effets oratoires. Ce tripot plein de rats de bibliothèques et de mandarins efféminés passe pour un repaire du diable. Dès qu'un mercenaire se fait battre par les Sarrasins, il absout son incompétence et accuse les espions byzantins de trahison. À peine la troisième croisade achevée, la quatrième mobilise. Et là, alerte ! Un homme est à la manœuvre : Enrico Dandolo, l'ennemi juré de Byzance.

Fragile comme un œuf, mince comme le parchemin, on dirait qu'il n'a plus de sang dans les veines et on s'apprête toujours à recueillir son dernier soupir. Mais ce n'est qu'une tenue de scène. Si vous êtes capable d'un tel effort d'imagination. Dandolo, c'est Pierre le Grand se faisant passer pour l'abbé Pierre. Cassant comme le verre, il n'est pas plus souple que lui. Interprétant le rôle du pauvre vieillard qui prononce ses dernières répliques, c'est un roseau aux nerfs de chêne. Et s'il approche de sa proie comme l'escargot de sa feuille de laitue, croyez-le sur parole, une fois lancée son opération, il sera plus acharné qu'un chien sur son os. Pour Dandolo, le paradis est une porte toute proche dont la chute de Byzance sera la clé. Dès qu'il entend parler de cette nouvelle croisade, il offre ses services. Ça tombe bien : on en a besoin.

Les croisés ne veulent plus se lancer dans une interminable marche à travers l'Europe puis l'Anatolie pour arriver épuisés en Terre sainte. Cette fois-ci, il leur faut une flotte capable de les déposer directement en Palestine. Qu'à cela ne tienne, Venise offre la sienne. Un contrat est signé avec Geoffroi de Villehardouin, le délégué de Boniface de Montferrat, le commandant en chef de l'expédition. La Sérénissime s'engage à fournir les navires nécessaires au transport de quatre mille cinq cents chevaliers, de neuf mille écuyers et de vingt mille fantassins. Pour cela, elle réclame quatre-vingt-cinq mille marcs. Et faites-lui confiance : pour sa part, tout est prêt. Mais fiez-vous aussi à l'improvisation française : de ce côté, c'est la chienlit complète. Quand l'ost arrive sur la lagune pour embarquer, il lui manque la moitié de ses effectifs et le tiers de la somme promise. L'heure de Dandolo a sonné.

Avec une humilité de descente de lit, il propose une solution à ses clients. C'est un effroyable parjure : en échange d'une remise de dettes, il leur propose de s'emparer pour lui de la forteresse de Zara, une place forte de l'Adriatique qu'occupent les Hongrois dont le roi, chrétien lui-même, a également pris la croix. On ne peut pas exiger pire trahison. Qu'à cela ne tienne, Dandolo prononce un discours déchirant de vieillard à l'agonie. Rivé à sa haine comme le lustre à son crochet, il murmure d'une voix d'outre-tombe des phrases lumineuses qui enflamment les stratèges francs tout en noyant de ténèbres ses véritables intentions. C'est fait : une semaine plus tard, en novembre 1202, Zara est prise, mise à sac et rendue à Venise. Et là, mauvaise pioche, la Sérénissime fait ses comptes et ne s'y retrouve toujours pas. On couperait la mauvaise foi de Dandolo en dix qu'il en resterait encore un peu. Il réunit donc à nouveau ses troupes et, derechef, leur propose une solution.

Un Ange lui est apparu : Alexis, le fils d'Isaac II qui se morfond en prison depuis que son frère l'a chassé du pouvoir. Or ce providentiel Alexis offre de régler toutes les dettes des croisés et de financer le reste de l'expédition si l'armée de Montferrat rétablit son père sur le trône. Quelle aubaine ! Dandolo ne la laisse pas échapper. Toujours habile quand il s'agit de baptiser « valeurs » ses propres intérêts, il transforme la récupération de ses privilèges dans l'Empire en rétablissement des droits légitimes d'une famille régnante – un discours toujours très doux à l'oreille des féodaux francs dont la seule philosophie repose sur le rapport loyal entre suzerains et vassaux. Là encore, l'affaire est dans le sac – et le mot est à prendre dans toutes ses acceptions. La flotte occidentale met donc le cap sur Constantinople qu'elle assiège.

Un petit siège. Le 24 juin 1203, les navires arrivent au large de la ville. Le 5 juillet, ils s'emparent de Galata, de l'autre côté de la Corne d'Or, un bastion à peine défendu qui abrite le treuil monumental permettant de lever ou d'abaisser la chaîne barrant l'entrée du port. Dès le lendemain, cette serrure colossale gît au fond du Bosphore et les galères vénitiennes prennent position face au palais des Blachernes là où les murailles maritimes sont les plus faibles. Et l'assaut est lancé. Au sol, les Francs luttent contre les Anglais et les Danois de la division Varange. Sur mer, Dandolo, arrimé à un siège à l'avant de la galère amirale, anime lui-même ses troupes qu'il menace d'exécution immédiate si elles flanchent. En une journée, c'est fait. Alexis III s'enfuit et la ville tombe. Isaac est sorti des oubliettes et on le recouronne à Sainte-Sophie en même temps que son cher fils, désormais Alexis IV. Les croisés sont enchantés : ils boivent comme des douves et, entre deux beuveries, se saoulent de messes interminables pleines de chants mélodieux, de fumées d'encens et de liturgies princières noyées dans un halo d'or. Constantinople les enchante. Dommage qu'on n'ait pas pu la mettre à sac. Ils n'ont jamais vu autant de merveilles. Ils ne vivent plus dans le présent, ni dans le futur, mais dans les chimères. S'ils ne sont pas au paradis, ça y ressemble. Ici l'argent rend un autre son et vous transporte dans les délices de Capoue. Ça les change agréablement de l'humidité indélogeable de leurs lugubres châteaux forts.

Seulement voilà, les semaines passent et la rançon promise n'arrive pas. En réalité Alexis ne contrôle que la capitale et ses abords. Le reste de l'Empire refuse absolument de verser son obole aux Latins. Les guerriers francs s'impatientent. Chez eux le découragement succède à l'enthousiasme comme le tonnerre suit l'éclair. Le basileus, pourtant, tente de tenir ses engagements. Il impose une taxe spéciale et saisit les objets de culte des monastères pour les fondre mais ne réunit pas la somme annoncée. Quand son père discute avec Dandolo, leurs pupilles moribondes jettent les unes et les autres des lueurs aussi faibles que haineuses. Les deux aveugles mènent un dialogue de sourds et la colère monte. Inutile de préciser que le doge ne fait rien pour la calmer. Il sait que les impôts rendent les croisés odieux à la ville et entend chaque soir les barons francs pester contre ces Orientaux qui les prennent pour des niais. Et il s'en réjouit. Son plan exige que la tension soit au comble. S'il doit un jour enterrer la hache de guerre, ce sera en la plantant en plein visage de Byzance. D'ici là, il tire sur la laisse de tous. Enfin, le jour qu'il a tant attendu arrive. Un Doukas, encore un, un petit-fils de Constantin X, lève l'étendard bien rapiécé de la révolte et de l'émeute urbaine. La ville néanmoins s'enflamme et, en janvier 1204, Alexis IV est étranglé, puis son père, Isaac II. Les croisés sont chassés, les portes de la ville fermées, Alexis V couronné et la guerre officiellement déclarée. Dandolo jubile.

À peine chassé, il réunit les chefs francs à Galata et leur présente un plan tout fait. De l'attaque ? Non. De la répartition des richesses et du futur gouvernement de la ville : six délégués francs et six Vénitiens éliront le futur basileus et le butin sera partagé équitablement mais l'Empire sera préservé – à l'exception de la Crète, du Péloponnèse et d'un certain nombre de ports utiles à la flotte vénitienne. Annexe en petits caractères rédigée de la main même de Dandolo : Venise se verra accorder une totale liberté de commerce dans l'Empire – dont sont exclues sans recours possible Gênes et Pise. Comme son amitié repose sur l'intérêt et ses attentions sur les calculs, le cœur de Dandolo reste froid mais ses paroles, là encore, sont chaleureuses. Alors qu'il vient de leur faire signer un traité qui, une fois de plus, n'efface aucune de leurs dettes, il ménage ses barons et les exhorte à prendre bien soin de leurs personnes. Cela dit, quand il décline la gamme complète de ses sentiments amicaux, parti de A, il s'arrête à B. Après de brèves effusions, il les renvoie et les expédie à l'assaut.

Alexis V, tirant la leçon du siège du mois de juillet précédent, a fait renforcer les murailles du côté de Blachernes. Mais le travail n'est pas fini et les croisés, désormais, connaissent ses défenses (et leurs faiblesses) aussi bien que lui. Le 9 avril 1204, ils attaquent à nouveau exactement au même endroit que neuf mois plus tôt. La bataille dure à peine. Mais le sac, lui, va sembler interminable. Et son souvenir ne s'effacera jamais. C'est Armagedon ! Jamais un tel butin ne s'était trouvé offert à de tels rustres. Ils en perdent l'esprit. Pendant que les agents vénitiens, sermonnés et encadrés, font main basse sur la liste bien précise des trésors énumérés par Dandolo, Francs, Anglais, Champenois et Espagnols s'abandonnent à une pure folie haineuse. Ils brûlent, ils cassent, ils violent. Plus rien n'est sacré. Surtout pas la beauté. Les orgies iconoclastes ne sont plus qu'une lointaine et aimable farce. Toutes les statues sont fracassées, les icônes cassées, les verreries brisées, les enluminures déchirées... Ne parlons pas des êtres humains. Des jeunes filles sont violées, des bébés jetés par les fenêtres, des moines tués à coups de pied. La moitié de la ville est en flammes. Les soudards catalans sont pris d'une telle rage de tuer que, huit siècles plus tard, en grec, on dit toujours un « catalan » pour parler d'un croque-mitaine. Pire que tout, pour que le fricot soit complet, les croisés s'offrent en dessert une indigestion de sacrilèges. À la crypte des Saints-Apôtres, les tombeaux des empereurs sont descellés et on dérobe les bijoux avec lesquels on les avait inhumés. La profanation de Sainte-Sophie reste dans les annales de la bestialité chrétienne. Chevaux et mulets entrent dans l'église pour mieux emporter les ciboires, les ostensoirs et autres merveilles de l'art liturgique. Des centaines d'ivoires sont volés. L'autel est brisé afin de le dessertir de ses pierres précieuses. Une partie de la nef est transformée en étable. Dans l'autre, on éventre des moines qui s'indignent. Surviennent des prostituées. On improvise des noces qu'on consomme sur place et sur-le-champ. Tant de sang ruisselle qu'on dérape dans les flaques pendant les danses improvisées sur des chants salaces. Depuis la création du monde, on n'avait vu une telle proie tomber. Dans le même intervalle, on n'avait pas observé une telle surenchère dans la méchanceté. Byzance est anéantie. Dans ses forces économiques et militaires. Mais, surtout, dans son âme. Dire que des chrétiens lui infligent cette épreuve ! Elle ne comprend pas, elle ne comprendra jamais, elle ne pardonnera jamais et elle en mourra. De toute façon, la mort, à présent, elle connaît : le 13 avril 1204, Venise l'a tuée. Ou, plutôt, Enrico Dandolo l'a assassinée. Du reste, quant à lui, « du dernier Romain ayant recueilli le dernier soupir, lui seul en étant la cause, il peut désormais mourir de plaisir ». Ce qu'il fait un an plus tard dans la cité même qu'il a massacrée. Où on l'enterre. À Sainte-Sophie ! Comme pour griffer *ad vitam æternam* le cœur de sa victime.

1453 : CONSTANTIN XI,
LE DERNIER BASILEUS,
ÉCHOUE À LA FOSSE COMMUNE

Après un tel cauchemar, un seul remède : dormir pour que tout s'efface. Pendant soixante ans, Byzance sera la Belle au bois dormant. Que font donc ses souverains latins, les princes de Flandre, de Hainaut puis de Courtenay ? Réponse : rien. Ils perdent leurs provinces une à une, ils vendent les bijoux de famille et, pour tuer (à défaut de leurs ennemis) le temps, ils ripaillent. Les Baudouin et leur Cour aux Blachernes, ce sont Asterix et Obélix faisant griller leurs sangliers dans le boudoir de Mme de Lafayette. Là où des rats de bibliothèque et des grenouilles de sacristie chicanaient sans fin sur la volonté unique d'un Dieu pourvu de deux natures, des Gaulois jurent et trinquent en envoyant le monde se faire voir chez les Grecs. Le Trianon est devenu la Taverne de Maître Kanter où l'empereur noie ses désillusions. Les Vénitiens se sont taillé un empire colonial (les îles Ioniennes, la Crète, Andros, Naxos, Gallipoli et tous les ports utiles d'Adriatique et de la mer Égée), ses lieutenants francs se sont attribué des fiefs (Thessalonique aux Montferrat, l'Attique aux La Roche, la Morée aux Villehardouin...) et lui gouverne la Ville des villes et sa banlieue. Au fond, il règne sur la tête énorme d'un nain lilliputien. Et cette tête boude. Dès que la Cour passe en ville, les citoyens crachent

97

par terre. L'empereur leur répugne. Ce n'est pas un basileus, c'est une poupée entre les mains du doge et du grand prêtre (entendez le pape). En plus, c'est un sagouin. Quand les Paléologues reprendront la ville, ils feront reconstruire les Blachernes, inutilisables tant elles sont souillées de graisse, de suie, de mauvaises fritures et de saletés. Une poupée souillon et bonne à rien. Dès qu'il bouge un cheveu, le ciel lui tombe sur la tête. En 1205, se prenant pour l'empereur, Baudouin Ier de Flandre est parti avec ses preux affronter le tsar bulgare. Malheureuse initiative : sa chevalerie a été anéantie et lui fait prisonnier. Depuis on ne l'a plus revu. La leçon a porté. Henri de Hainaut, son successeur, se fait tout petit. Et, douze ans plus tard, en 1217, quand le troisième roi franc, Pierre de Courtenay, à peine couronné à Rome, pose un pied en Albanie, il est immédiatement arrêté par Théodore Ange et expédié dans une oubliette du fin fond de l'Épire d'où il ne sortira plus. De 1228 à 1261, Baudouin II de Courtenay ne fait rien. Absolument rien, à part les fonds de tiroirs. Désespéré, découragé, pour se ménager enfin un allié, mettant un mouchoir sur son orgueil de Franc, il propose même d'épouser Hélène, la fille du tsar bulgare Asen II. Comble de l'humiliation, on l'envoie promener et elle épouse le fils de Théodore Lascaris, le vrai basileus, en exil provisoire à Nicée. C'est le dernier affront. On n'a pas idée du dénuement de la cour soi-disant impériale. On gère des bouts de ficelle et on vide les greniers. La couronne d'épines du Christ est mise aux enchères. Pour l'acquérir, Louis IX, le futur Saint Louis, envoie cent trente mille livres d'or, le plus gros « chèque » du Moyen Âge. Mais Baudouin a toujours les poches percées. En cherchant bien dans ses coffres, il trouve encore un reste de l'éponge qui servit à humecter les lèvres du Christ. Et la France, là encore, l'achète. En prime, le basileus offre dans un bol en argent un peu du lait de la Vierge Marie ! Le fond du gouffre est atteint quand Baudouin II, suppliant Venise de lui accorder une énième avance sur des miracles à venir, remet en gage à la Sérénissime son fils unique, Philippe, l'héritier de la Couronne. Cela ne peut plus durer. La chute sera aussi marmiteuse que le règne. Convoquée par ses maîtres vénitiens, la maigre garnison latine se croyant en paix part mettre le siège à une petite île de la mer Noire que le doge réclame en friandise. Passant par là, Alexis Strategopoulos, un général byzantin, et ses hommes voient les portes de la ville ouvertes et des remparts vides. Ils éperonnent leurs chevaux, galopent et voilà, le 25 juillet 1261, tout est fini. Déguisé en pêcheur, Baudouin II file sur une barque. L'Empire latin a vécu. Byzance va ressusciter.

En vérité, elle n'est pas morte. En 1204 trois principautés ont surgi en exil. Au nord-est, sur la mer Noire, les Comnène fondent l'empire de Trébizonde qui vivra sa vie, loin de tous, à la grecque, pendant deux siècles et demi. À l'ouest, sur l'Adriatique, face à Corfou, les Ange et les Doukas établissent le despotat d'Épire qui, peu à peu, reconquiert toute la Grèce. À l'est, enfin et surtout, en Asie Mineure, entre Milet, Éphèse, Brousse, Pergame, Nicomédie et Héraclée, allant de la mer Égée à la mer Noire, les Lascaris créent l'empire de Nicée. Et là, miracle, la magie byzantine brille à nouveau de tous ses feux. Théodore Ier, Jean III et Théodore II rebâtissent l'Empire. En lutte contre les Latins de la capitale, ils battent les Seldjoukides en 1211, s'allient aux Serbes, puis aux Bulgares, puis aux uns et aux autres et, les années passant, le despotat d'Épire se désagrégeant, ils contrôlent tout le centre de l'Empire. Alors, Dieu, veillant sur ses chers Byzantins, envoie un déluge sur terre : les Mongols. Le pire tremblement de terre de l'Histoire. La Russie tombe (pour deux siècles) entre les mains de la Horde d'or. La Pologne, la Bohême et la Hongrie sont ravagées. Puis la Serbie et la Bulgarie. La promenade tatare n'en finit jamais. Passés en Asie Mineure, ils anéantissent le sultanat seldjoukide. Tous les empires puissants de la région se fracassent. Tous, sauf le petit royaume de Nicée qui veille soigneusement à passer entre les gouttes. Du coup, vite sec, il s'impose comme la première force de l'époque. Avec, autre cadeau de Dieu, un basileus pour une fois admirable.

Après sa mort, Jean III Vatatzès, roi de 1222 à 1254, dit Jean le Miséricordieux, fut canonisé. C'était le génie de son temps.

Guerrier habile, diplomate consommé, c'était surtout un administrateur hors pair : il rétablit l'agriculture, libéra le commerce, interdit le luxe ostentatoire et fit de Nicée, sa capitale, la ville la plus riche de l'Orient chrétien. Et la plus cultivée quand Théodore II, son fils, entendit régner sur la nouvelle Athènes, financer des universités et attirer à lui tous les savants de Grèce. À Constantinople, on priait chaque jour en secret pour qu'il vînt reprendre le trône. Mort à trente-six ans, Théodore n'eut pas cette joie. Elle revint à Michel VIII Paléologue, nommé régent puisque Jean IV, le dernier des Lascaris, n'avait que sept ans.

Un vrai génie de l'intrigue, ce Paléologue. Un magicien occupait le trône. D'abord, c'était un excellent militaire. En 1259, ramassant les débris militaires des Seldjoukides et des Comans brisés par les Mongols, il était allé écraser une coalition des Siciliens de Manfred II, des Francs de Villehardouin et des Serbes. Ensuite, c'était la diplomatie incarnée. Fort d'une alliance de circonstance avec Gênes, il manipula la terre entière. Contre les Serbes, il mobilisa les Hongrois en mariant son héritier à la fille de leur roi. Contre les Bulgares, il envoya les Tatars, ses nouveaux grands amis. Contre Charles d'Anjou, devenu roi de Sicile, son ennemi acharné, il offrit à Pierre d'Aragon les moyens de bâtir une flotte et il finança si bien l'esprit de révolte de Palerme que, le 30 mars 1282, une émeute inouïe provoqua le massacre général de tous les Français : les Vêpres siciliennes marquèrent un anéantissement des Angevins si complet qu'à son tour Michel VIII en mourut de plaisir. Une joie courte – si la vie éternelle existe. Car, à peine décédé, il subit l'affront de n'être pas enterré à Byzance. Dans une de ces innombrables et géniales palinodies diplomatiques, il avait jugé utile de se convertir à la foi romaine. Un simple gage donné au pape dont il avait besoin à cette heure-là. Que n'avait-il fait ? Sa capitale ne le lui pardonna jamais. Il l'avait sauvée de la mort, elle l'enterra en hérétique, à la va-vite, sous un tas de terre, en rase campagne. D'une certaine manière, cette muflerie était presque rassurante : Byzance se croyait revenue au bon vieux temps. Et, en effet, elle l'était : écervelée, brillante, intelligente, capricieuse, ingrate et incapable de corriger les évidentes faiblesses qu'elle prenait pour les marques de sa singularité.

À peine restaurée, la civilisation byzantine entreprit à nouveau de se dévorer de l'intérieur. Le système administratif de l'Empire, son armature, était mort et son centralisme oublié. La monnaie n'avait plus de valeur et cédait la place aux pièces italiennes. L'armée suffisait à peine aux défilés de parade. Tant que les autres se battaient à sa place, Byzance plastronnait. Si elle devait lutter elle-même, elle ne savait que reculer et payer des tributs. La Ville des villes n'était plus l'aigle à deux têtes toisant l'Europe et l'Asie, mais un vieil ours fatigué juste capable de s'ouvrir une veine par-ci, de se faire une égratignure par-là afin de désaltérer un moment les loups venus rôder dans les parages. Un vieux lion transformé, en somme, en descente de lit de ses voisins. Devenue l'ombre d'elle-même dans ses relations avec les autres, elle exagéra, en revanche, jusqu'à la folie ses tics internes. D'abord en s'offrant, dès la restauration du régime, une grande et belle querelle religieuse. Le nom de cet ultime délire : l'hésychasme. En gros, il suffisait qu'un ermite, menton calé sur la poitrine, l'œil fixé sur son nombril, psalmodie mille fois le nom de Jésus pour qu'une lumière divine l'enveloppe de félicité. Les fines mouches de la ville s'esclaffèrent mais les intellectuels, enchantés de cette nouvelle chinoiserie, s'emballèrent : cette lumière temporelle accordée à un mortel pouvait-elle s'assimiler à celle de Dieu immuable et éternelle ? Je vous le demande. On en discute encore. Rome ayant décrété l'hérésie, Byzance convoqua un concile et en fit un point de dogme. Entre-temps, bien sûr, on s'était un peu entre-tués dans les rues.

Mais cela ne suffisait pas. Outre ses pittoresques divagations théologiques, Byzance renoua d'emblée avec sa bonne vieille barbarie dynastique. Pour commencer, Michel VIII avait fait tuer le petit Jean IV, son co-empereur. Ensuite, ce fut la curée. À chaque changement de souverain survint une guerre civile. Andronic II s'allia aux Serbes contre Andronic III soutenu par les Bulgares. À la mort de ce dernier, son bras droit, Jean Cantacuzène, bientôt Jean VI, déclara la guerre à Anne de Savoie et à son fils, le jeune empereur légitime Jean V. L'impératrice mère dut gager les bijoux de la Couronne auprès de Venise contre trente mille ducats. Pour rien puisqu'on ne revit jamais les bijoux mais qu'on fit la paix avec Cantacuzène. C'était pathétique, la peste de 1349 aggrava encore la décomposition du régime et, pire que tout, Cantacuzène, assoiffé d'alliés, fit entrer dans le jeu byzantin son grand ami Orkhan, le chef d'une tribu inconnue, les Ottomans, surgie des débris de la puissance seldjoukide. Du reste, Orkhan méritait le respect. Raisonnable, prudent, cultivé, il rêvait plus de créer un modèle d'État civilisé que de bâtir une nouvelle puissance militaire. Attentif à la justice, indigné par l'arbitraire, il n'imposait pas l'islam aux peuples conquis. C'était un sage. Seulement il n'était pas immortel. Et sa puissance, elle, ne s'annonçait pas passagère. Le loup était dans la bergerie.

Dire que, du temps de Manuel Comnène, aucun Turc ne voyait la mer ! On n'en était plus là. Installée à la frontière de la Bithynie, une modeste tribu, commandée par Osman, le père d'Orkhan, avait pris son envol. Et rien, désormais, ne l'arrêterait – en tout cas pas Byzance. En 1326, s'étant emparés de Brousse, les Ottomans en avaient fait leur capitale. Puis avaient atteint les Dardanelles. De là, en 1354, ils avaient vu sur l'autre rive un tremblement de terre abattre l'imprenable forteresse de Galipoli. Le lendemain, ils l'occupaient. Un pied en Europe, ils y passèrent la jambe. Puis tout le corps. Les Serbes matés en 1393, la Thessalie annexée, les Hongrois dispersés... Songer qu'autrefois, à peine une génération plus tôt, la carte de la région semblait un beau gribouillis bariolé plein de principautés, de despotats, de provinces et de gouvernorats aux couleurs des Vénitiens, des Génois, des Francs, des Serbes et des Bulgares. À présent tout était vert comme l'islam et les Ottomans, ayant transféré leur capitale à Andrinople, s'apprêtaient à donner un léger coup de pied dans les vieilles murailles pour faire chuter l'Empire. Manuel II récitait déjà son chapelet quand un ultime miracle accorda son dernier répit à Byzance. Le nom de cette providence : Tamerlan.

Encore un Mongol. Et bien décidé à effacer Gengis Khan des tablettes. Ayant soumis l'Asie centrale, détruit l'Inde, démantelé la Perse et saccagé la Mésopotamie, il jeta son dévolu sur l'Asie Mineure. Inutile de dire qu'elle frissonnait de tous ses membres. Là où Tamerlan passait, l'herbe ne repoussait plus, les chiens n'aboyaient plus et les oiseaux mouraient d'épuisement avant de trouver un arbre où se poser. Pourtant, Bajazet, dit « la Foudre », le petit-fils d'Orkhan et le grand chef ottoman, réunissant le ban et l'arrière-ban de ses forces (y compris les détachements de ses vassaux byzantins), se lança effrontément dans la bataille d'Ankara. Six ans plus tôt, à Nicopolis, il avait massacré une immense armée chrétienne composée de Français, d'Allemands, d'Anglais et de Polonais, financée par Gênes et Venise, et dirigée par Sigismond de Hongrie et ses soixante mille hommes. À sa manière : définitive ! Une fois la bataille achevée, il avait fait décapiter devant lui dix mille prisonniers. Cette fois-ci son génie tactique n'opéra pas. Ses troupes restèrent étendues sur le terrain et lui partit finir sa vie comme esclave en Mongolie. Un très long voyage. Et très inconfortable car Tamerlan l'avait installé dans une cage en fer qu'il utilisait volontiers comme escabeau pour sauter à cheval. Une fois de plus, malgré elle, Byzance était sauvée.

Manuel II, exultant de bonheur, apprit la nouvelle à Paris. Que faisait-il chez ces maudits Capétiens ? Il tendait la sébille. C'était devenu une seconde nature pour un empereur byzantin. Jean V s'était rendu en Hongrie avec deux de ses fils solliciter en vain l'aide de ce royaume puissant, le dernier que les Ottomans n'avaient pas vaincu. Au retour, il avait d'ailleurs été retenu prisonnier six mois par les Bulgares. *Sic transit gloria !* Et le prestige n'était pas revenu. À son tour, Manuel II, son successeur, allait plaider sa cause au loin. Là encore, en vain. Ces voyages ne servaient à rien sinon à signifier la décrépitude impériale qu'un symbole, en 1346, avait proclamé à tous : Théodora, la seconde fille de Jean Cantacuzène, était entrée dans le harem d'Orkhan. Une princesse byzantine ! Dans le flot de ces malheurs et de ces mortifications, seul un petit espoir soulageait la Ville des villes : les princes ottomans avaient l'air aussi cinglés que les siens. À la chute de Bajazet, Soliman, son héritier, fut étranglé par Moussa, son frère, qui, à son tour, le fut par Mehmet, un troisième fils. Dans la région, l'étrangleur ottoman s'apprêtait à remplacer l'énucléeur byzantin. Et ce n'était pas tout, un quatrième héritier, Mustapha, réfugié à Venise, réclamait l'Empire. Il ne l'obtint pas et les Ottomans reprirent leurs conquêtes. Bientôt, ils contrôlèrent toutes les grandes villes de l'Empire. Byzance ne fut plus qu'une cité appauvrie et dépeuplée qui attendait un miracle. De novembre 1437 à février 1440, Jean VIII Paléologue, à son tour, alla en Europe quémander de l'aide. Pour obtenir qu'on lance une nouvelle croisade, il signa même à Florence un décret officiel d'union des Églises chrétiennes par lequel il cédait à toutes les revendications catholiques. Résultat : zéro. Son peuple fut ivre de rage et la grande armée hongroise, renforcée de contingents bourguignons, de soldats roumains et de navires vénitiens (qu'on ne vit jamais), fut écrasée à Varna en 1444. Les jeux étaient faits. Il ne restait qu'à attendre l'estocade. Ce ne fut pas long.

En 1449, succédant à Jean VIII, on nomma empereur Constantin XI, le despote de Morée qui, à Mistra, gouvernait la seule région byzantine prospère et libre. Il serait le dernier basileus de l'Histoire. Et il sut vite qui le remplacerait au palais impérial. En 1451, à la mort du grand sultan Mourad, son troisième fils lui succéda : Mehmet II. Un de ses frères aînés était mort de maladie, le deuxième avait été étranglé dans son lit. Lui n'avait pas fait de vagues. Pour ne pas attirer l'attention, il ne levait pas le nez de ses livres. Ses professeurs l'adoraient. Il parlait couramment le turc, l'arabe, le grec et le perse. Ainsi, dit-on, que le latin et l'hébreu. Mais enfin, s'il était discret, il avait dix-neuf ans. À cet âge, on est pressé. Premier acte : il fit étrangler ses frères cadets. À tout hasard. Second acte : il résolut de s'installer à Byzance. Avec lui, pas de mystère : quand il prenait une décision, l'intendance devait suivre sinon on avait vite fait d'occire les incompétents. Du coup, elle suivait. Ce fut spectaculaire !

Le nœud coulant fut passé sur-le-champ. Soudain l'air manqua à Constantinople : en cinq mois, posée en sentinelle sur la passe la plus resserrée du Bosphore, des milliers d'esclaves bâtirent la forteresse de Roumeli Hisar. Désormais il faudrait montrer patte blanche pour entrer dans la Ville des villes. Et si quelqu'un s'avisait d'ignorer le guichet, gare à lui. Antonio Rizzo, un capitaine vénitien, s'y risqua bientôt. Une brève canonnade expédia son navire par le fond, des bourreaux exécutèrent ses marins et lui, privilège du grade, fut empalé sur le rivage. La leçon porta. Les abords de Constantinople se vidèrent. On n'y allait plus que contraint et forcé. Mehmet, pourtant, ne se hâtait plus. Les malheurs du capitaine Rizzo coulé par un seul boulet l'avaient laissé rêveur. Il commanda à l'ingénieur allemand qui lui avait vendu sa bombarde d'en construire une autre, plus ventrue encore, énorme. Une sorte de Grosse Bertha médiévale. Qu'à cela ne tienne : on lui livra en janvier 1453 une bouche à feu longue de huit mètres et lourde de plusieurs tonnes dont les parois de bronze avaient l'épaisseur d'une cuisse forte comme celle d'un Turc. Et on l'essaya : elle envoyait à deux kilomètres des boulets de 600 kilos. « Papylone n'y réssisterait pas », estima l'expert en palistique. « Qui parle de Babylone ? » répliqua Mehmet. Sur quoi, on rappela les esclaves, on bâtit une route spéciale, on imagina un attelage de soixante bœufs et on alla au pas de tir. Où donc ? Juste face aux murailles de Constantinople. Et là, on tira. Le siège avait commencé. On était le 6 avril 1453.

Constantin XI avait battu le rappel. C'était pathétique : à l'ancre dans la Corne d'Or, il n'avait plus que vingt-cinq navires. Tous les anciens amis avaient répondu absents. Fuyant la souricière, sept vaisseaux vénitiens avaient choisi de s'échapper. Seul Giovanni Longo, l'héritier d'une des plus puissantes familles de Gênes, sauva l'honneur, tout juste débarqué avec une armée de sept cents mercenaires décidés à se battre jusqu'au bout. À ses côtés, deux cents archers, payés par le pape et accompagnés par un archevêque, rappelaient qu'ici les soldats du Christ avaient toujours été chez eux. Et c'est tout. Ruinée depuis deux générations, la ville était vide. En armant jusqu'aux vieillards, on put aligner sept mille hommes sur les remparts. Pour « tenir » 22 kilomètres de fortifications et repousser cent mille assaillants ! Les jeux étaient faits. Restait à sombrer avec panache. Byzance fut à la hauteur de sa gloire passée.

Après chaque éternuement, Bertha avait besoin de reprendre son souffle. Elle tirait un boulet toutes les deux heures. Mais ses suivantes, des centaines de couleuvrines, elles, crachaient à jet continu. Le bombardement dura quarante-huit jours. Un véritable enfer. Toutes les nuits, il fallait rebâtir les murs. Les habitants mouraient d'épuisement. Seules, parfois, les escarmouches navales leur remontaient le moral. Le 20 avril, une petite flotte envoyée par le pape, par le roi d'Aragon et par Gênes pénétra dans les Dardanelles. La mer était forte, le vent soutenu et les forts navires occidentaux hauts sur l'eau traversèrent comme du beurre une marée de galères ottomanes qu'elles inondèrent de flèches, tandis que les pauvres marins musulmans s'épuisaient à lancer des grappins impuissants contre ces immeubles flottants. Sur le rivage, Mehmet écumait de rage, lançait son cheval dans la mer et, tel Xerxès au lendemain de Salamine, songeait sérieusement à faire fouetter les flots. Son amiral eut la vie sauve par miracle mais disparut à jamais des tablettes. Dans la ville réconfortée par cette arrivée de vivres, on se mit à croire au miracle. Le rêve ne dura qu'un jour.

Le surlendemain, stupeur, soixante-dix vaisseaux turcs croisaient dans la Corne d'Or que son énorme chaîne barrait toujours. De nuit, sur une route tracée là encore par des régiments d'esclaves, des milliers de bœufs avaient transféré toute une escadre glissant sur des barreaux de bois. Désormais la ville était investie de tous côtés. On entendait déjà sonner l'hallali. Il ne restait qu'à prier. Dans ce domaine, Byzance était reine. Mais

Dieu, fatigué, ne l'écoutait plus. Dans la soirée du 22 mai, une lueur rouge embrasa Sainte-Sophie. On crut à un incendie. Non, ça n'était qu'un présage et la lumière s'effaça aussi inexplicablement qu'elle était apparue. Les Grecs se posèrent des questions. Pas les Ottomans. Ayant, eux aussi, observé le phénomène, ils réunirent leurs oulémas. Un verdict tomba, catégorique : l'Être suprême des chrétiens s'en était allé. La cathédrale attendait l'arrivée de la vraie foi. Instruit de cette divination, Mehmet arrêta l'ordre du jour : on livrerait l'assaut final le 29 mai. Auparavant, il rédigea une proclamation aussi laconique que celles de César : « Pour vaincre, il faut vouloir la victoire, haïr la défaite et obéir aux ordres. Je vous fais confiance. »

Précédant la tempête, un calme alarmant noya les remparts. Tous allaient perdre la vie et ils le savaient. Auparavant, pour la dernière fois, le lundi 28, Byzance se retrouva à Sainte-Sophie. La messe fut grandiose. Venues de toutes les églises, les icônes les plus saintes de mille ans de civilisation montèrent la garde autour de l'autel. Et le basileus s'exprima. Aux Grecs, il dit que la Mère des Victoires ne les abandonnerait pas. Aux Italiens, il exprima la reconnaissance de son peuple. Et à tous, il recommanda de mettre leur âme en ordre avec Dieu. Puis il partit inspecter les remparts. Et là, à 2 heures du matin, il vit la fin du monde s'avancer vers lui en ordre de bataille. Ou, plutôt, il l'entendit. Ébranlant la terre, des milliers de tambours rythmaient la marche des bachi-bouzouks chargés de lancer le premier assaut. Il dura deux heures mais il n'y eut pas d'entracte et, avant le lever du soleil, la deuxième vague survint, plus glaçante encore, composée des régiments de ligne turcs, surarmés et surentraînés. La catastrophe prenait tournure quand, aux premières lueurs, apparut, telle la mort en armure, le flot intarissable des janissaires, la troupe d'élite qui n'avait jamais perdu un combat. Bientôt, ils furent contre les murailles et là, alors que le soleil levant révélait à tous chaque détail de la lutte, un boulet traversa l'armure de Giovanni Longo, le héros sans peur et sans reproche qui incarnait aux yeux de tous la vaillance et l'espoir. Tel un coup porté au cœur des défenseurs, ce trait paralysa la résistance. C'en était fini. Chacun s'enfuit. La ville était ouverte. Dans un ultime réflexe de survie, des familles se précipitèrent au port pour se ruer sur les dernières galères vénitiennes comme, plus tard, les habitants de Saigon s'agripperaient aux ultimes hélicoptères américains. Une quinzaine de navires chargés à ras bord de réfugiés échappèrent à la nasse. Derrière eux, dans un océan de flammes, la Ville des villes était livrée au massacre. Il dura un jour. Des flots de sang inondèrent les rues. Le clergé, célébrant dans toutes les églises une messe ininterrompue, fut exterminé sur les marches même de ses autels. Les femmes furent violées, les enfants tués, les sanctuaires profanés. Nul ne retrouva jamais l'empereur mort l'épée à la main quelque part dans l'obscurité. La place était libre. Alors arriva le sultan. Il avait vingt et un ans et il galopa jusqu'à Sainte-Sophie. C'était l'homme le plus puissant du monde. Il s'appelait Mehmet II et lui-même n'aurait pas su faire la liste des proies qui le tentaient.

L'Europe avait admiré et jalousé Constantinople. Désormais elle allait la redouter. La folle aventure de la plus folle des capitales lui réservait encore des jours grandioses, sublimes et atroces.

Le nom de la ville peut changer ; l'esprit des lieux, lui, demeure.

PAVANE POUR UNE REINE DÉFUNTE

On pense à Byzance et on a envie de mettre quatre l au mot folie. Dans des siècles où l'Occident était fait pour le bonheur comme les aveugles pour la peinture, cette cité frivole et dévergondée ne dialoguait qu'avec elle-même, son nombril, ses miroirs et ses poudriers. Au lieu de pester contre l'obscurité des temps, elle avait allumé les mille bougies de la culture, de la mode, de l'art et de l'apparat. À l'extrémité sud d'un continent moisi où le soleil ne pénétrait plus, une capitale des *Mille et Une Nuits* rappelait à l'Europe qu'on est sur terre pour s'amuser. Byzance passait pour une ville riche mais elle était d'abord enrichissante. Quand les cloches sonnaient à Sainte-Sophie, le carillon franchissait les déserts mérovingiens et résonnait jusqu'à l'Atlantique. Cette vision de rêve était le dernier refuge de la connaissance. Grâce à elle, on avait appris que toutes les civilisations ne sont pas mortelles.

À l'époque on l'ignorait. Les Numides s'étaient évanouis et leur patrimoine avec eux. Et les Bretons, les Gaulois, les Parthes, les Scythes, les Assyriens, Ur, Babylone... Byzance a mis fin à ces trépas culturels. Antigone la rebelle et le rusé Ulysse n'ont pas disparu de nos mémoires. Aux heures de leur plus grande gloire, les empereurs de la Ville des villes préféraient bâtir des universités que des forteresses. Ils classaient les idées parmi leurs trésors. Autant que de généraux ou d'intendants, ils s'entouraient de grammairiens et de théologiens. Si possible, ils les aimaient théâtraux. Jamais, sur les rives du Bosphore, on ne se lassait de voir le fleuve de la discussion dérouler ses méandres. Parfois le sang coulait mais c'est parce que la ville avait du caractère – et quand on en a, il est mauvais. Mais, attention, Byzance répétait volontiers Dieu, Dieu, Dieu mais n'avait pas que ce mot à son vocabulaire. Jamais elle n'a oublié qu'elle était devenue capitale impériale le jour où Constantin avait décrété pour tous ses sujets la liberté de conscience. Dans sa ville, il y eut toujours des temples de Diane et des églises grecques, des sanctuaires orthodoxes et des mosquées, des synagogues et des chapelles catholiques... On s'écharpait sur des points de dogme avec ses coreligionnaires mais on respectait le culte des autres. Et si on vénérait les Pères de l'Église, on étudiait Aristote et Platon.

Parce que la ville semblait «costumée», parce qu'elle était musicienne comme la lyre, parce qu'elle avait l'air esclave de ses travers et insouciante de ses devoirs, on la prenait pour la nouvelle Sodome, futile et cynique. Mais il faut beaucoup de sérieux pour donner le sentiment éblouissant d'une frivolité géniale. Byzance ne croyait pas déchoir en plaçant aussi sa virtuosité au service de l'orfèvrerie, des tissus ou de la parfumerie. Travailler la beauté, c'est sculpter un bouclier qui désarmera vos ennemis. Comme on plante un arbre pour obtenir cent récoltes, on envoie un artisan, un missionnaire ou un professeur et on convertit cent esprits curieux en agents de Byzance. Tous les Balkans slaves et la Russie moderne sont nés sur les rives du Bosphore et nous le voyons car on y retrouve les popes en train de brouter leur barbe qui, déjà, prêchaient pour ou contre les icônes. Mais, nous aussi, nous devons la vie à Byzance. Sans ses murailles, il ne resterait des archives de l'Antiquité que des blocs de marbre culbutés. Et, sans son secours, la papauté, ultime flamme de civilisation dans les ténèbres médiévales, aurait été soufflée par les invasions barbares. Pourtant, après mille frissons de convoitise, on s'est mis à la haïr et à lui reprocher les grands crimes que commettent tous les grands pays. Comme s'il existait des empires sans infamies, ou des montagnes sans glaciers. On ne se fâche pas avec le soleil à cause de quelques nuages. Du Ve au XIe siècle, l'orgueil sans mesure de Byzance fut la torche de nos ancêtres bien contents alors d'en admirer les étincelles. Ensuite, quand elle a pataugé dans l'indigence après avoir si longtemps baigné dans l'opulence, on l'a abandonnée. Ce n'est pas très chevaleresque.

Mais, aujourd'hui, bâtir l'Europe sans elle serait un parricide.

ALORS, EN EUROPE, LA TOLÉRANCE ÉLIT DOMICILE À ISTANBUL

Soyons francs : en Occident, la chute de Byzance ne surprend personne. Les gouvernements connaissent parfaitement les nouveaux maîtres de la ville. Le désastre n'a rien à voir avec un des raz de marée parti de nulle part qui, tous les deux ou trois siècles, submerge l'Europe puis se retire aussi vite qu'il est apparu. Pour « tenir » leurs peuples, les princes chrétiens donnent des messes et font semblant de trembler mais aucun d'eux ne prend Mehmet et les siens pour des barbares. En fait, dans les Cours européennes, on connaît très bien les Ottomans. Pour tout dire, ils font presque partie de la famille. Et ce n'est pas une figure de style.

En 1356, quand Khalil, un des fils d'Orkhan, le fondateur de la nouvelle lignée impériale, a été enlevé par des pirates grecs, c'est Jean V, l'empereur byzantin, qui l'a libéré avant de lui donner sa fille en mariage. Dans ses conversations, Mehmet II, le conquérant de la ville, affirme souvent que ses ancêtres se sont alliés aux Comnène de Trébizonde. Ça n'est pas impossible. Un petit-fils Comnène régnera sur la Perse sous le nom de Shah Ismaïl, beau comme le jour et cruel comme le soufre. Il y a plusieurs générations que des princes chrétiens combattent dans les rangs ottomans ou que des nobles turcs s'engagent dans les armées serbes, bulgares ou byzantines. Ne parlons pas de la

113

marine du sultan : ses escadres naviguent toutes sous les ordres de capitaines catalans, provençaux ou italiens. Quant aux diplomates, il y a longtemps qu'ils ont pris le pli de présenter leurs lettres de créance à Brousse et à Andrinople, les deux premières capitales ottomanes. Les rapports ne sont d'ailleurs pas uniquement diplomatiques. Des amitiés intimes se sont nouées depuis des générations entre la famille du basileus et celle du sultan. Andronic, le fils de Jean V, avait pour meilleur ami Savdjë, le fils de Murad Ier. En mai 1373, ils se sont même soulevés ensemble contre leurs pères. Ce qui coûta ses yeux au premier et la vie au second. Quinze ans plus tard, à son tour fâché avec son père, Manuel, un autre fils de Jean V, est parti passer huit ans à Brousse, à la Cour de Murad. Et il n'y a pas que de simples relations de voisinage. À Paris aussi, on connaît très bien et de longue date les Ottomans. Charles VI a envoyé dès 1400 une ambassade à Tamerlan pour se plaindre de Bajazet, le successeur de Murad. Et, de Venise à Rome ou de la Serbie à la Hongrie, chacun suit attentivement le sort du sultan et des siens. Musa, un fils de Bajazet Ier, a épousé une fille de Mircea de Valachie. Son rival, Soliman, a répliqué en se mariant avec une Paléologue. À chaque succession, les États chrétiens interviennent pour pousser « leur » candidat. Mourant, Mehmet Ier, voulant sauver la vie de ses fils cadets, a souhaité les confier à Manuel II Paléologue afin qu'ils échappent à leur frère aîné, Mourad. Et, en 1422, Byzance, dès que s'est déclarée la guerre de succession, a pris parti pour Mustafa contre le sultan légitime. Tout comme, en 1451, Constantin XI, le dernier basileus, soutient les prétentions d'Orkhan contre Mehmet II, l'héritier désigné.

Il n'est pas le seul à garder les yeux rivés sur la Cour de son puissant voisin. Tous en font autant, contraints et forcés. Car, non seulement les Ottomans ne terrorisent personne par leur « barbarie » très relative, mais encore ont-ils, dans tous les pays proches, des agents et même des partis entiers leur étant favorables. En 1458, à la mort de Lazare Brankovic, le grand roi serbe, la moitié de la noblesse prendra parti pour le candidat des Turcs contre celui des Hongrois. D'abord parce que les Serbes orthodoxes préfèrent la tolérance religieuse des Turcs au catholicisme inquisiteur des Hongrois. Ensuite, parce qu'à cette époque, le grand vizir sera lui-même un Serbe, de la puissante famille des Angelovic. Et c'est ainsi, partout, à chaque passage de couronne. Les Ottomans se mêlent des affaires des autres et les autres se glissent dans celles du sérail. À la mort de Mehmet II, Bajazet, l'héritier légitime, verra se dresser contre lui Djem, son jeune frère, qui partira chercher de l'aide en France, de 1482 à 1488, puis à Rome, de 1489 à 1495. Toutes les grandes puissances veulent alors composer avec le sultan : Charles VIII, le Français, car il compte sur son aide pour s'emparer de Naples ; Alexandre VI, le pape, parce qu'il ne veut à aucun prix de ce nouveau voisin ; et ainsi de suite. Les Ottomans n'ont rien à voir avec les Huns, les Mongols, les Normands et autres envahisseurs inconnus qui surgissent du néant et sèment la terreur. Eux, ce sont des voisins puissants. Parfois pénibles. Mais familiers. Du reste, quand ils se sont emparés de Constantinople, ils n'arrivaient pas d'Orient. Leur capitale était à Andrinople, en Thrace, au nord de la Grèce. Comme la première fois, en 1204, Byzance a succombé à un assaut lancé d'Europe.

Les Ottomans n'ont d'ailleurs pas uniquement une adresse sur le vieux continent. C'est aussi de là que proviennent la plupart de leurs chefs. Comme les rois en Occident, les sultans doivent en permanence se méfier de leurs grands féodaux. À la Cour de France, pour échapper aux ministres qui souhaitent d'abord enrichir leurs familles, on fait volontiers appel à des évêques ou des cardinaux ; de Suger au cardinal Dubois en passant par Richelieu, Mazarin, saint Éloi et dix autres, le clergé sert de rempart à l'État contre la haute noblesse. Les Ottomans, eux, ont recours à une autre formule : le « ramassage ». On n'hérite pas des hautes charges, ni on ne les achète. On se les voit confiées. À qui revient ce privilège ? À des fonctionnaires « ramassés » dans l'enfance à travers l'Empire et formés dans les écoles du palais. Inutile de préciser que ces enfants enlevés entre sept et quinze ans ne sont pas arrachés à des familles turques (qui ne le toléreraient pas) mais à des parents chrétiens, surtout dans les Balkans. Islamisés, turquifiés, les plus brillants de ces élèves deviennent les vizirs, les généraux et les grands vizirs qui dirigent l'État. À la merci du souverain, ils ne sont pas au service de leur famille. Mais tous n'ont pas oublié d'où ils viennent et beaucoup ont conservé des liens avec leurs parents. Cette singularité de la haute fonction publique ottomane explique qu'il n'y ait jamais eu de politique d'assimilation forcée, ni d'ottomanisation systématique. Entre 1453 et 1623, au sommet de la puissance ottomane, quarante-sept grands vizirs se succéderont. Seuls cinq seront de souche turque. Parmi les autres, on trouvera onze Albanais, six Grecs, un Arménien, un Géorgien et un Italien. Les Grecs, les Bulgares, les Serbes conserveront pendant les siècles de l'occupation leur langue, leurs écoles et leur clergé. La Cour impériale n'est pas leur ennemi mais, au contraire, le lieu de leur triomphe. Et cette tolérance ne s'arrête pas à l'administration. Les sultanes elles-mêmes, régnant sur le sérail, sont souvent des esclaves nées chrétiennes. Roxelane, le cœur et le bras droit de Soliman le Magnifique, sera une Ukrainienne. Et la mère du grand sultan, Hafsa, était également d'origine chrétienne. Quant à Nurba Nu, l'épouse adorée de Sélim Ier, son père, c'était l'héritière d'une riche famille grecque de Corfou. Cela ne changera jamais. Les Ottomans bâtissent un empire musulman irrésistible en terres chrétiennes mais ne se livreront jamais à des massacres ou des pogroms religieux. Quand les papes ou les souverains menacés par eux mobilisent en parlant d'élans de l'âme, ce n'est que verbiage politique de circonstance. Dans les Balkans, les paysans serfs des féroces féodaux voient approcher les troupes du Prophète avec les sentiments favorables qui, plus tard, accueilleront les soldats français de l'an II.

Byzance est tombée entre les mains d'Européens musulmans et l'Europe le sait. À l'époque, du reste, l'Empire n'a pas conquis ses futures et immenses possessions arabes. Il n'est qu'une puissance d'Asie Mineure et des Balkans. Et une puissance dont on redoute les armes mais dont on apprécie la sagesse. Quand il s'agit d'échapper à la fureur religieuse des uns et des autres, c'est volontiers à Istanbul qu'on se réfugie. À trois reprises, des juifs s'y installent par milliers. En 1470, lorsque le roi de Bavière les expulse d'Europe centrale, en 1492, quand Isabelle la Catholique exige leur conversion et, en 1660, à la suite des pogroms incessants de Pologne et d'Ukraine. Sous Soliman le Magnifique, ils seront quarante mille à Istanbul. À cette époque, Salonique sera une immense ville juive : chrétiens et musulmans réunis y représentent moins de la moitié de la population.

Au fond, la seule sauvagerie des Ottomans se manifeste entre eux, au sommet de l'État, à la mort du sultan, quand vient l'heure de désigner son successeur. À chaque fois, dans les premiers temps, des guerres civiles ont éclaté. D'où l'effrayante loi imposée par Mehmet II : celle du fratricide légal. Mieux vaut immoler deux ou trois princes que sacrifier l'unité de l'Empire. Lui-même fit exécuter ses deux jeunes frères. Mourad III en fera étrangler cinq en 1575 et le comble du cynisme sera atteint par Mehmet III qui, en 1595 et en un jour, se débarrassera de ses dix-neuf frères. Le choc, d'ailleurs, fut tel qu'une nouvelle coutume s'instaura : celle de la « cage » – un appartement du harem où les frères du sultan étaient enfermés leur vie entière, sans jamais en sortir. Tant mieux, du reste, pour l'Empire car ceux qui furent extraits de cette prison dorée pour monter sur le trône se révélèrent tous plus ou moins fous, brisés par cet interminable enfermement que les intrigues du sérail risquaient à tout moment d'abréger. Avant d'être couronné en 1687, Süleyman II avait ainsi passé quarante ans reclus. Une génération plus tôt, en 1640, à la mort de Mourad IV, son frère, Ibrahim, avait été tellement épouvanté par le bruit du cortège venant le proclamer que, croyant venue l'heure de sa mort, il s'était barricadé dans son appartement. Il avait fallu lui montrer la dépouille de son aîné et prédécesseur pour qu'il acceptât de sortir.

Ces mœurs semblent cruelles mais, à l'époque, elles sont répandues. En Angleterre, en 1483, Richard III s'empare du trône en assassinant son frère, Édouard IV, et en séquestrant ses deux petits neveux à la Tour de Londres où on les abat. Cinquante ans plus tard, au même endroit, les épouses successives d'Henri VIII, Anne Boleyn et Catherine Howard, sont expédiées l'une après l'autre au bourreau. Un peu plus tôt, à Pise, le comte Ugolin, le maître de la ville, ayant été jeté en prison avec ses quatre fils, l'archevêque de la ville lance chrétiennement les clés dans l'Arno et Dante, dans la *Divine Comédie*, affirme que les premiers morts de la famille servirent de plat de « résistance » aux derniers. Ne parlons pas des procédés de l'Inquisition en Espagne ou, pire, en Amérique latine... Ce qui nous choque aujourd'hui ne trouble guère les contemporains de Soliman le Magnifique. Recroquevillé pendant dix ans dans une petite cage, le cardinal de La Balue trouve certainement Louis XI bien plus odieux. Quant au duc d'Alençon, soumis au même régime, on lui tend la nourriture à travers les barreaux au bout d'une fourche comme à un fauve menaçant. Personne ne s'avise alors de dispenser des leçons d'humanisme au sultan. Le droit d'ingérence humanitaire lui donnerait trop facilement l'occasion de nous mettre aussi à l'amende. En vérité, l'Empire ottoman n'indigne personne. Sa justice et sa police remplissent plutôt mieux leurs fonctions que leurs homologues de Vienne, de Madrid, de Bruxelles ou de Cracovie. La religion musulmane règne à Istanbul mais les bûchers sont allumés en Occident par les catholiques et les protestants. Ce qu'on redoute, ce sont ses soldats, pas ses mœurs.

Dès la chute de Constantinople, tout le continent en convient : le sultan d'Istanbul est un souverain européen comme les autres. Plus riche, seulement. Et plus puissant. Donc plus inquiétant.

MOI, SOLIMAN LE MAGNIFIQUE, OMBRE DE DIEU SUR LA TERRE

Elle croyait avoir tout vu mais jamais Constantinople n'a assisté à un tel déploiement de luxe. La fête aura duré quatorze jours. Néron et Haroun al-Rachid sont renvoyés à leurs kermesses de patronage. Même Justinien et Constantin VII Porphyrogénète sont effacés des tablettes du faste. Et ce n'est même pas le sultan qui reçoit, c'est son cher grand vizir, Ibrahim Pacha. Les cérémonies ont lieu près du sérail, au bord de l'Hippodrome, dans le palais inouï que le favori a fait bâtir pour y accueillir son épouse, Hadice Hanim, la sœur de Soliman. On dit qu'il y a cinq cents chambres. Même les abords en sont éblouissants – ce qui n'arrive guère à Istanbul où les seigneurs puissants cachent leurs résidences de rêve derrière des façades austères afin de ne pas indisposer le maître du monde. Ibrahim, lui, n'encourt pas ce risque. Il est l'ombre de Soliman comme Soliman est celle de Dieu. Formé à l'école du palais comme tous les jeunes esclaves ramassés dans l'Empire, il parle le grec (sa langue natale), le turc (employé à l'armée), l'arabe littéraire (indispensable pour lire le Coran et établir des textes officiels), l'italien et, enfin, le persan, incontournable pour les discussions intellectuelles et les propos amoureux. À l'époque, à Istanbul, cette dernière langue joue le rôle élitiste du latin dans l'Europe médiévale : c'est celle des princes. De nombreux souverains turcs, de l'Anatolie à l'Inde, empruntent d'ailleurs leurs noms aux héros des grandes épopées littéraires persanes. Mais, surtout, Ibrahim est beau. Très grand, très mince, très droit, il a tout de suite incendié les pupilles de Soliman lorsqu'il est entré à son service comme page. Très vite nommé grand fauconnier puis chef de la chambre, il est devenu le numéro deux de l'Empire en 1523, à trente ans. Jamais on n'a vu une telle harmonie au sommet de l'État le plus puissant du monde. Soliman et Ibrahim ne se quittent pas. Dès qu'ils s'éloignent quelques heures, ils s'adressent des billets d'un pavillon du sérail à l'autre. Ils se promènent sans fin dans les jardins et sur les terrasses qui dominent la mer de Marmara. Parfois, ils embarquent pour une croisière de quelques heures, sans équipage ni serviteurs, avec juste un barreur. Ni intrigues, ni manœuvres au gouvernement : les instructions sont fermes et les décrets sont clairs. On ne glisserait pas un pétale de rose entre le sultan et son grand vizir. Parce que c'est l'un, parce que c'est l'autre. Et si certains restent songeurs, ils gardent leurs émois pour eux. Personne ne s'autorise à évoquer Hadrien et Antinoüs ou Achille et Patrocle. Le muet du sérail, l'étrangleur ottoman, est toujours là. Bien désœuvré, cela dit. Après les huit ans de règne sanguinaire de Selim Ier, l'accession au trône de son fils Soliman, en 1520, a été ressentie comme une exquise couche de rosée du matin sur une prairie grillée par le soleil. Les prisons se sont vidées, les déportés ont regagné leurs provinces, on a accordé la liberté du commerce. L'Empire respire et le sultan, lui, roucoule. Tout est pour le mieux dans le meilleur des mondes.

Du monde entier, l'or afflue à Istanbul. Personne ne peut donner l'idée des fêtes impériales. Des centaines de dignitaires promènent des turbans de toutes les tailles et de toutes les couleurs piqués de pierres précieuses, d'aigrettes et de plumes. Certains sont hauts comme des mâts, d'autres ronds comme des potirons, tous sont dans les soies les plus douces. Les damas, les ottomans, les brocarts... on déroulerait un tapis de rêve jusqu'à la lune avec les tissus d'apparat dont se parent les dames de la

Cour pour les soirées au palais. Dans la civilisation des zibelines, en revanche, l'ère Soliman laissera le souvenir d'un interminable holocauste. Les Turcs sont fous de cette fourrure. Certains en tapissent murs et sols. Mais ce luxe ahurissant s'accompagne d'un calme fascinant, voire affolant. À certains moments, lors de ces immenses cérémonies, soudain, un silence de mort s'établit car le protocole l'exige. À d'autres, à des signes discrets, des centaines de turbans s'inclinent sans un bruit comme une mer de satin blanc qu'agite une légère vague. Même dans la joie, on dirait que règne une discipline militaire. Du reste, on ne se laisse pas aller. Soliman interdit le vin en public. À la rigueur, on boit de l'eau teintée. Mais les concerts se succèdent, les bals, les spectacles, les courses de chevaux, les concours de tir à l'arc, les banquets et les joutes oratoires. On se croirait revenus aux grandes heures de l'Empire byzantin. Des lettrés se disputent sur le sens d'un verset ou d'une sourate. On se livre à des assauts d'érudition. La Cour se régale. Comme à Paris ou dans quelques rares villes du monde, le ridicule peut tuer. De honte de n'avoir retrouvé un vers qui aurait cloué le bec de son rival, un uléma s'est jeté à la mer au sortir d'une cérémonie impériale. C'est sûr : on est à Byzance et nulle part ailleurs. Jamais la capitale de l'Europe n'a été si prospère. Et si belle.

À peine conquise, la ville des basileus a été l'objet de tous les soins des sultans. Mehmet II a ratissé l'Empire pour la repeupler. À présent, en 1530, elle a cinq cent mille habitants. Les musulmans représentent plus de la moitié de la population mais il y a aussi deux cent mille Grecs et quarante mille juifs. Sans compter les Serbes, les Bulgares, les Arméniens et les Géorgiens. Istanbul, c'est la tour de Babel. Chaque groupe a ses églises, ses quartiers et ses métiers. Les Grecs sont marchands et employés de l'administration, les Arméniens s'occupent de commerce et de banque et, pour les pauvres, sont souvent boulangers, les Albanais sont chargés de la voirie, les Arabes sont dans le bâtiment et dans l'artisanat de luxe, les Iraniens tiennent le Bazar, les Serbes et les Roumains alimentent les marchés, les Tziganes travaillent le fer, les juifs ont le monopole du marché des esclaves et fournissent les meilleurs médecins. Ya'Koup, de son vrai nom Jacopo de Gaète, un juif converti, était le médecin officiel de Mehmet Ier. Depuis, ses successeurs sont souvent de sa confession. C'est aussi un juif réfugié d'Espagne qui crée la première imprimerie de la ville en 1494. C'est simple : dans l'Empire ottoman, on parle toutes les langues, on occupe tous les continents, on goûte toutes les cultures et on pratique tous les rites. Il y a dix Églises chrétiennes, dix chapelles juives, dix sectes musulmanes. Catholiques et orthodoxes, chiites et sunnites, séfarades et ashkénazes sont des catégories pour barbares. Ici, on donne dans la nuance : on est karaïte, romaniote, soufi, hanéfite, monophysite, melkite... Aucun doute possible : dans les bénitiers, on verse l'eau du Bosphore propice aux chicanes infinitésimales. Sauf qu'à présent, les querelles de sacristie sont remisées dans les paroisses. L'ordre doit prévaloir : celui du sultan, seul ciment de l'Empire. Et architecte de son seul rêve, Istanbul, sa capitale, bijou de pierre de celui que l'Europe, stupéfaite, appelle le « Grand Turc ».

En tous lieux, de minces minarets de marbre blanc s'élèvent vers les nuages au-dessus de parcs où s'étalent les larges dômes des innombrables mosquées de la cité. On y passe sa vie car, après la prière, on se promène dans leurs jardins avant de vaquer à ses occupations. Une mosquée ottomane, c'est un sanctuaire religieux qu'escortent un caravansérail, des écoles, des bibliothèques, des hammams, des restaurants, un souk, des fontaines, des hôpitaux et des institutions charitables. En bâtir une, c'est concevoir tout un quartier. Il y en a des centaines. Chaque sultan en finance mais les vizirs et le pachas ne sont pas en reste. Quand on arrive de la mer, le spectacle de toutes ces flèches dressées vers le ciel donne le sentiment de jeter l'ancre dans le port de Dieu. Sous l'œil de son lieutenant sur terre car Mehmet II a choisi le plus bel endroit de la ville pour bâtir le nouveau palais impérial.

Étagé sur la colline que domine Sainte-Sophie, il s'étale dans des bosquets à la pointe d'Istanbul, là où se joignent, à ses pieds, la Corne d'Or, le Bosphore et la mer de Marmara. Si un endroit sur terre ressemble au paradis, c'est là, à Topkapi. Rien à voir avec le Louvre, avec le palais des Doges ou avec le Vatican. Pas de folie des grandeurs dans les palais ottomans, seulement un souci apaisant de l'art de vivre. Le refuge des sultans se compose d'une succession de pavillons, de kiosques et de longs bâtiments bas. Le vrai luxe provient d'un sentiment de sérénité, d'une certaine qualité de silence et d'un don pour saisir les panoramas exceptionnels. Cela dit, c'est immense. Et étrange. On y pénètre et, soudain, on est ailleurs.

Aucun bruit. Tout le monde peut accéder à la première des trois cours pleine d'arbres où mène un immense portail de marbre noir et blanc. Mais, même là, entre l'armurerie, la maison de la monnaie, la faïencerie et l'atelier de joaillerie, quand des centaines de badauds se promènent parmi les janissaires à l'exercice, aucun cri ne s'élève jamais. Jusqu'aux chevaux qui hésitent à frapper la terre de leurs sabots. Et personne n'enfreint le règlement : près de l'entrée de la deuxième cour, deux énormes pierres rappellent à tous qui commande. Là, régulièrement, viennent reposer une, deux ou plusieurs têtes. Celles des sujets qui ont froissé le sultan – en général, des ministres. Et pour que tout cela semble parfaitement naturel, juste à côté, une fontaine attend les mains du bourreau parfois un peu collantes après ces décollations.

La deuxième cour, elle, semble sortie d'une précieuse miniature persane. C'est le jardin d'Éden. Entre des arbres magnifiques venus de tout l'Empire, des gazelles, des chevreuils et des autruches gambadent sur le gazon. Le bruit léger des fontaines berce l'air d'une douceur monotone. On se croirait dans un rêve. Grave erreur : on est au cœur des réalités. Sur ce décor de pastorale à la Marie-Antoinette s'ouvrent en effet les bureaux de la Trésorerie centrale, de la Chancellerie et, surtout, du Divan, la salle où, quatre fois par semaine, le grand vizir et ses ministres décident du sort de l'Empire. Jamais un gouvernement n'a délibéré dans un tel luxe. Les murs sont piqués de pierres précieuses, la cheminée est en argent, la fontaine en cristal et le sol en or. Tout étincelle. On se croirait chez les dieux. Mais des dieux sous contrôle. Face à la porte, percée dans le mur du fond, une légère grille domine la pièce. Nul ne sait jamais si le sultan est là, attentif aux délibérations de ses ministres. Le doute règne. Et la méfiance. Donc la prudence. Et la sagesse.

Enfin, la porte de la Félicité mène au saint des saints, la cour du sultan, là où ne pénètrent que les membres de sa famille et les esclaves de sa maison. C'est la chasse gardée des eunuques blancs chargés du protocole quand les redoutables eunuques noirs, eux, sont installés au harem. Là on coule des années de miel dans un cadre de marbre et d'ivoire. Les dames dégustent des sorbets confectionnés avec la glace que chaque jour une caravane apporte des hauts plateaux anatoliens. Le sultan, lui, rêve, songe ou calcule en passant d'un kiosque à une bibliothèque, du jardin au hammam, des bras d'un fauteuil à ceux d'une esclave. Tous les rêves sont autorisés puisque aucun récit ne l'est. Jamais ceux qui servent là ne parlent. Le sort du monde, pendant les années de la *pax ottomanica*, se règle à l'abri des regards. Et nul n'enfreint la loi du silence. On n'est pas dans l'État-spectacle mais dans l'État-esclave. Ce qui n'empêche pas le spectacle d'être grandiose, à la fois monumental et précieux.

Un architecte symbolise ce miracle. Bien entendu, c'est un esclave. Il est milliardaire. Et il doit tout à Soliman. Son nom : Sinan. Encore un Grec raflé à ses parents pendant l'enfance et élevé au palais à l'école des Pages. Il a l'âge d'Ibrahim mais lui a été orienté vers l'armée. Il a vécu plusieurs grandes campagnes glorieuses. Il était à Rhodes, à Belgrade et même à Mohács, en 1526, quand Soliman et Ibrahim ont anéanti l'armée hongroise, tué le roi Louis et le nonce apostolique, et mis le pied à la porte des Habsbourg. Le tout avec une touche inimitable si l'on en croit les récits de la Cour :

« Lorsque nos troupes se précipitèrent en flots impétueux, une mer de sang agita ses vagues bouillonnantes. Nos rouges turbans firent du champ de bataille un parterre de tulipes. Les boucliers se fendirent comme un sein et les casques se remplirent de sang, s'élevant en nuage pourpré jusqu'au ciel, formèrent comme un immense nuage de roses sur la tête de la fiancée de la victoire. »

En clair, avant versification par Kemalpasazade : trente mille morts – dont deux mille têtes furent érigées en pyramide devant la tente du sultan. Je vous le répète, on est à Istanbul, là où prospérait Byzance. Pas question de donner dans la simplicité. Qu'un carnage serve de bouquet à quelques fleurs de style (carnivores) ne choque personne. On raffole de toutes les sophistications. Avec l'architecture de Sinan, à cet égard, on est servi. Il a beau avoir été d'abord ingénieur militaire, c'est autant sur les rêves que sur les rivières qu'il jette des ponts. Ses mosquées laissent l'univers ébahi. Solides comme l'Éverest, elles semblent fines comme un œuf. De loin, on dirait d'immenses et minces monuments de porcelaine flottant au-dessus de la ville ; de près, au moment de prier, on a l'impression de se recueillir au creux d'un diamant taillé. Tout est démesuré mais rien ne le paraît. Là où les poussées qui s'exercent exigent des piliers cyclopéens, tout est aminci par les céramiques et effrangé de stalactites, d'alvéoles ou de nids-d'abeilles ; trouant de véritables falaises de marbre, des centaines de fenêtres inondent les fidèles de lumière. La nuit tombée, des milliers de lampes étincellent. Sans attirer un insecte car on y accroche aussi des œufs d'autruche qui les éloignent. On pénètre dans ces autels et on dialogue avec des mirages. L'architecture ottomane est l'emblème d'un empire à son apogée mais aussi le tapis volant des songes impossibles. C'est la Renaissance aux mille pétales. Les peintres, les architectes et les décorateurs sont aussi chercheurs, ingénieurs et calligraphes. On est le cœur du monde, on attire toutes ses étoiles et on l'éclaire. Un siècle plus tard, c'est encore aux élèves de Sinan que l'Inde confiera les palais d'Agra, de Dehli, de Lahore et, parmi tous ceux-là, le plus beau, le Tãj Mahal bâti par Issa Efendi. Istanbul est le berceau de toutes les imaginations. Et le vase de toutes les couleurs.

125

Venus de Syrie, de Bagdad et d'Égypte, des milliers de céramistes ont pris la place des légions de mosaïstes de l'Empire grec. Byzance était un lingot d'or, Istanbul est un jardin enchanté. Les décors géométriques arabes cèdent la place à des végétations exubérantes et, dans les palais des princes, les salons se transforment en serres des *Mille et Une Nuits*. Le siècle de Soliman est saisi d'une passion extravagante pour les fleurs. Le responsable des bouquets est un des principaux dignitaires de la Cour. On voit des hommes entrer en prison au lendemain de spéculations aventureuses sur les prix parfois vertigineux de bulbes rares. Soliman a ressuscité Byzance : on est au paradis sur terre. Et que personne ne s'avise de lui chercher querelle !

Son armée est la plus puissante de tous les temps. Et la plus disciplinée. Quand le sultan entre en campagne, les convois militaires s'étirent sur plus de trente kilomètres. Des milliers de chameaux traînent derrière eux la plus redoutable artillerie d'Europe. Des montagnes de boulets traversent des pays entiers pour parvenir au pas de tir. Les soldats se comptent par dizaines de milliers. Les services de l'intendance, du train et du génie font l'admiration des observateurs étrangers. Un ordre affolant règne. Les janissaires, les cavaliers sipahis, les canonniers, les armuriers, les cuisiniers, tous obéissent avec une soumission absolue. L'équipage du sultan lui-même s'étire sur d'infinies longueurs. Tel le roi Fahd entraînant toute sa Cour en Boeing à Marbella pour s'épargner les appréhensions d'un coup d'État estival, Soliman se fait escorter de toute son administration. Pas de panique, néanmoins : cette multitude ne ravage rien sur son passage. Les attachés militaires vénitiens et français en sont ébahis. Tous observent dans leurs missives diplomatiques que dix mille soldats turcs provoquent moins de dégâts qu'une petite compagnie espagnole. De l'eau, de la farine, du beurre, des fruits secs, un peu de pain. La viande apparaît quand les chevaux meurent. Aucune insubordination n'est tolérée, ni aucune intempérance. Les femmes sont interdites dans les bivouacs. On ne distribue les armes qu'à l'heure des combats. Les camps de marche frappent par leur propreté.

Et, là encore, par leur silence. Les Ottomans se glissent au cœur des pays qu'ils envahissent comme un interminable serpent, alarmant et muet. On dirait d'infinis défilés de « frères de l'Observance ». Rangés en ordre de bataille, ils ont l'air de statues. Mais leur loyauté ne connaît pas de bornes, ni leur dévouement d'interdits. Devant Soliman, tout cède. Les cimeterres font sauter les têtes comme des poils de barbe. En quarante-six ans de règne, de 1520 à 1566, il va faire monter des dizaines de capitales sur sa Couronne : Belgrade en 1521, Rhodes en 1522, Budapest en 1526, Alger en 1529, Bagdad en 1534, Tunis en 1535... Son pouvoir s'exerce de la plaine de la Mitidja aux coteaux du Danube surplombant Vienne. Et, chez lui, nul ne le conteste car non seulement il est le sultan mais il est devenu calife à la place du calife. Le grand maître spirituel du monde musulman. El-Moutawakkil, exilé du Caire et enfermé à Istanbul par Sélim Ier, le père de Soliman, a abandonné ses prérogatives après un long séjour de réflexion à la très méditative prison des Sept Tours. Et le chérif de La Mecque a fait sa soumission. Enfin la chute de Bagdad a fait tomber Nadjaf et Kerbala dans l'escarcelle ottomane. Avec Médine et Jérusalem, toutes les villes saintes sont réunies sous le sceptre de Soliman. Les armées du Prophète avancent enfin en bon ordre. On n'en dira pas autant de celles de son principal adversaire : Charles Quint sert, lui, de rempart à une chrétienté en grand désordre.

Leur premier affrontement majeur a lieu sous les remparts de Vienne en septembre et octobre 1529. Mais, si Soliman est là, Charles reste à l'arrière laissant son frère, Ferdinand d'Autriche, en première ligne. Les disciples de Luther et les princes protestants ne cessent de se soulever contre la famille impériale espagnole. Quand Charles ne réunit pas des diètes, il mène la répression et, tous les dix ans, à Nuremberg, à Passau, à Augsbourg, il doit signer des trêves avec ses propres sujets. Lesquels bénissent Soliman sans lequel la Réforme protestante aurait connu le même sort que la révolte cathare : inquisition, persécution, extermination. C'est dire si le camp chrétien se présente en chaos face à Soliman. À Vienne, d'ailleurs, le sultan n'est pas seul : toute la noblesse hongroise s'est rangée sous ses étendards, les Jagellon, la famille royale polonaise, ont dépêché des contingents, les envoyés français, anglais et vénitiens ont distribué des fonds. Là encore, parler de guerre sainte est un complet contresens : dans la plaine du Danube, deux souverains européens s'affrontent. L'un, installé à Istanbul, mène des troupes musulmanes ; l'autre, siégeant à Bruxelles, anime une armée chrétienne. Mais il s'agit de l'éternelle guerre civile européenne. Tous les combattants sont sous les ordres d'hommes nés sur notre continent. Et l'expédition tourne court. Arrivé à la fin de l'été, Soliman, ses cent vingt mille hommes et ses trente mille chameaux se font surprendre par les pluies de l'automne et par l'épaisseur des murailles qui ne cèdent pas à leurs canons. Au bout de deux mois, ils se retirent. La partie est remise à plus tard. On se contentera pour l'instant des trésors saisis à Budapest : les statues de bronze d'Hercule, de Diane et d'Apollon et, surtout, la fabuleuse bibliothèque de Mathias Corvin, le dernier roi légendaire de Hongrie. Pour la capitale des Habsbourg, on reviendra. D'ici là, Soliman regagne le sérail. Finalement, c'est chez lui qu'il doit mener ses combats les plus durs. À Istanbul règne en effet son seul maître. Une femme : Roxelane. Elle l'a ensorcelé.

Le surnom signifie la « Russe » mais, en turc, on l'appelle Hürren Sultane, autrement dit la « Joyeuse ». Fille d'un pope, élevée sur les rives du D. iestr, elle a éliminé la première sultane, Gülbahar, en se jetant sur elle pour lui arracher les cheveux. Depuis, elle a pris le pouvoir à Istanbul en distribuant les rires auprès de son mélancolique époux. Quittant le vieux sérail, elle a transféré le harem à Topkapi où elle est arrivée avec une véritable troupe d'eunuques blancs et noirs. Là, elle se mêle de tout. Ses ennemis : Venise et, évidemment, le bel Ibrahim. À la première, elle va réserver guerre sur guerre. Au second, elle envoie l'étrangleur ottoman en 1536. Désormais, tout passera par elle. Afin de s'en assurer, elle fait d'ailleurs nommer grand vizir Rostam Pacha, son gendre. L'époux de sa fille Mihrimah.

Il est dévoué, il est subtil et, précieux atout, il est hideux. Aucun risque que le cœur de Soliman ne se mette à battre pour ce crapaud ténébreux dont les pattes crochètent tout ce qui passe à proximité, jusqu'aux violettes des jardins impériaux qu'il vend sur les marchés. Petit, arrondi, il a le teint si violacé qu'on le croirait toujours à l'instant de succomber à une apoplexie. Mais, faites confiance à Roxelane : Rostam est solide comme le Pont-Neuf, c'est lui qui enterre tout le monde. Jusqu'à Mustafa, l'héritier de Soliman, le fils chéri de Gülbahar et le général préféré des janissaires, qui se fait étrangler en 1553 pour laisser la voie libre aux fils de Roxelane, les beaux-frères de Rostam.

Soliman éprouve-t-il des remords ? C'est possible. Plus les années passent, plus il semble chagrin. Le temps des grandes fêtes est révolu. Songez qu'en 1530 pour la circoncision de ses trois aînés, Mustafa, Mehmet et Sélim, il avait invité les dignitaires du monde entier (jusqu'au doge) à quinze jours de fêtes babyloniennes ! On n'en est plus là. Topkapi est en veilleuse. Le sultan ne boit plus une goutte de vin et, à table, la porcelaine a remplacé l'or et l'argent. Comme Charles Quint, son meilleur ennemi, c'est un mystique ; il ne s'enfermera pas dans un monastère mais, bientôt, il demandera à être servi dans des assiettes en terre cuite. L'Empire règne sur le monde mais le spleen règne sur l'empereur, hâve, triste et grisâtre qui se fait maquiller et appliquer du rouge sur les joues lorsqu'il reçoit un ambassadeur. Par pudeur et par calcul. Pour que rien d'inquiétant ne filtre à l'extérieur. Et cela marche : en 1566, quand il meurt à soixante-douze ans en Hongrie, au cours de sa treizième et (comme d'habitude) glorieuse campagne militaire, la surprise est universelle. On avait fini par le croire immortel. L'Europe, cela dit, respire. Son plus glorieux souverain ne l'a pas dévorée toute crue. Et cela ne se produira pas demain car Sélim II, son successeur, signe bientôt la paix avec Maximilien, le fils de Ferdinand, le nouveau souverain Habsbourg. Vienne, cela dit, ne perd rien pour attendre.

CRIS ET CHUCHOTEMENTS
AU SÉRAIL

Il régnait sur toutes les terres mais il naviguait aussi sur toutes les mers. Soliman a cassé les reins de Gênes et de Venise. De la mer Noire à la Méditerranée et de la mer Rouge à la mer Égée, la flotte du sultan dicte la loi. Un homme en a fait une machine de guerre invincible : Barberousse, le pacha d'Alger. Trente mille esclaves chrétiens ont transformé son port en forteresse imprenable et, de là, il sème la terreur en Espagne et en Italie. En 1538, à Préveza, il a envoyé par le fond les flottes espagnole, pontificale et vénitienne commandées par l'amiral génois, soi-disant génial, Andrea Doria. Se frottant les mains, François Ier l'aide et, un hiver, lui abandonne même Toulon pour que ses équipages s'y reposent. Quand il vient payer tribut à Soliman, Barberousse amène avec lui des milliers d'esclaves. Et donne de précieux conseils. Sous son égide, Istanbul devient le premier arsenal maritime du monde.

Sur la rive orientale de la Corne d'Or, les docks de Galata se sont transformés en une ville immense. Cent vingt bassins couverts y abritent sur cale deux galères chacun. On peut en période de crise y bâtir un navire de combat par jour. Marins, pilotes, charpentiers, menuisiers, calfats, forgerons vivent à l'écart protégés par une haute muraille. Ils sont plus de quarante mille, presque tous esclaves. C'est la face cachée de l'Empire : son pire bagne. Membre du Divan, le kapoudan pacha, l'amiral en chef, est, après le grand vizir, chef des armées, le militaire le plus puissant de son temps. Entre les chantiers navals, les armureries et les poudreries, on a accolé d'immenses usines à Kassim Pacha, nom donné à l'arsenal par son premier maître. Pour vêtir les équipages et, surtout, équiper de voiles les vaisseaux, on a aussi bâti des dépôts de draps gigantesques. Personne ne pénètre sans autorisation dans cet État dans l'État. Les conditions de vie y sont infernales. Bientôt, d'ailleurs, cette férocité va se retourner contre ses gardes-chiourme. Car Lépante est proche !

À la mort de Soliman, Sélim II a succédé à son père. Les affaires de l'État ne le préoccupent guère. Dans l'histoire otto-mane, il reste comme « Sélim l'Ivrogne ». C'est injuste : il aime le vin mais aussi la poésie, les jardins, les femmes et les soirées entre amis. Débonnaire, il veut la paix et ne se soucie pas des grandes affaires qu'il laisse aux soins de Sokollu Mehmet Pacha, le dernier grand vizir de son père – et, soit dit en passant, son gendre puisque Sokollu a eu la sagesse d'épouser Esmâhân Sultane, la fille de Sélim. Au fond, Sélim trouve la vie délicieuse. Seule une petite écharde lui agace le talon : Chypre. Il en fait une affaire personnelle. Ce sera son cadeau à l'Empire. Il ne veut plus y voir les Vénitiens. Il y dépêche une flotte énorme : trois cent soixante navires. Et des troupes innombrables.

Seulement voilà, cette fois-ci, la chrétienté ne veut plus se laisser faire. Si l'île tombe, c'en sera fini de tous ses rêves de croisade. Une fois cette ultime escale confisquée, les Ottomans auront fermé tous les verrous de Jérusalem. À son tour, le pape fait de cette campagne une affaire personnelle. Or ce Pie V passe pour un saint. Sa foi va réussir à souder l'Espagne, Venise et Gênes qui, en temps normal, se haïssent. Savant et austère, il a été inquisiteur général avant de monter sur le trône pontifical. Pour lutter contre la Réforme protestante, il bannit le luxe, refuse les prébendes et raffermit la doctrine. Nul ne lui fait peur : il a excommunié Élisabeth d'Angleterre. À présent, il veut sauver Chypre. Et, pour cela, il monte la plus formidable armada chrétienne de l'Histoire. Prudent, il en confie le bâton de maréchal à don Juan d'Autriche, fils naturel de Charles Quint, demi-frère de Philippe II. Il est beau, il est grand, il n'a que vingt-cinq ans et, bon marin, il vient de mener une campagne habile contre les pirates barbaresques du Maghreb. À ses côtés, le prince Colonna commande les galères pontificales, Andrea Doria les vaisseaux espagnols et le provéditeur Sebastien Venier, dit le « Second Ulysse », mène la flotte vénitienne. Au total, escortant six énormes galéasses amirales, véritables citadelles flottantes, deux cents galères partent en chasse. Trente mille hommes ont embarqué, des centaines de canons, des milliers d'arquebuses...

Les Turcs les attendent à Lépante, près du golfe de Patras, confiants. D'abord, ils viennent d'apprendre la chute de la forteresse de Famagouste : Chypre est à eux. Ensuite, ils ont l'avantage du nombre : deux cent huit galères, trente mille soldats, treize mille marins et quarante mille rameurs. Le choc est épouvantable. Ne rêvez pas à de subtiles manœuvres stratégiques. Ce n'est pas Nelson à Trafalgar. Ali Mouezzin Sade, l'amiral ottoman, et Euldj Ali, son bras droit, le vice-roi d'Alger, cinglent sur les chrétiens et les abordent de front. Quatre cents navires se font face, étirés sur cinq kilomètres. Mais pas question pour les coalisés de céder à la peur. Ils savent ce qui les attend en cas de défaite. Fait prisonnier, le général Bradagino, défenseur de Famagouste, a été écorché vif en place publique. Tout le monde en a été informé. Quand l'assaut commence, c'est d'emblée Verdun-sur-Mer, une pure boucherie. Tout est noyé dans un immense nuage de poudre. Les éperons se brisent, les agrès et les vergues s'emmêlent, les canons déchargent les uns sur les autres à bout portant, les ponts ruissellent de sang, on jette les mourants par-dessus bord, on escalade les galères amirales respectives. Ali Mouezzin est tué ainsi qu'une dizaine de pachas mais aussi les princes Orsini et Caraffa et toute la fleur de la noblesse italienne. Des galères explosent, tambours et trompettes résonnent, au premier faux pas, armures et cottes de mailles vous plongent dans les abysses. Longtemps la bataille est indécise. À un moment, c'est Eudj Ali qui ordonne la retraite. Puis c'est Andrea Doria qui décroche. En fait, ils s'écartent pour attaquer à nouveau sur un autre flanc. Les chevaliers de Malte sont massacrés jusqu'au dernier. Le carnage est tel que don Juan, pris d'une providentielle inspiration, ordonne la libération de tous ses galériens. De toute manière, on ne manœuvre plus : qu'au moins, ils se battent. Face à cet afflux de nouveaux guerriers, le navire amiral ottoman donne le même ordre. Fatale erreur : ses propres rameurs sont des esclaves chrétiens. À peine débarrassés de leurs fers, ils se jettent sur leurs anciens gardes. Cette fois, la victoire a choisi son camp. Trente mille Turcs sont tués, soixante galères coulées, cent quarante capturées. Depuis l'époque de Tamerlan, jamais l'Empire ottoman n'a subi une telle apocalypse.

Dieu s'en est-il mêlé ? C'est possible car, ce 7 octobre 1571, à six cents kilomètres de là, à Rome, interrompant soudain une audience publique, Pie V s'est approché d'une fenêtre ouvrant vers l'est, s'est recueilli puis, se tournant vers l'assistance, a demandé qu'on célèbre sur-le-champ une messe d'action de grâces pour remercier Dieu de lui avoir donné la victoire. Lorsque, quinze jours plus tard, la confirmation de cette prédiction survient, la chrétienté exulte. D'émotion Pie V va bientôt rendre l'âme. Le Vatican le fera vite canoniser. Et c'est tout. Car, à Istanbul, on prend ce désastre avec philosophie.

L'inquiétude n'y a duré qu'une journée. Tout de suite, on apprend que les chrétiens, au lieu de filer vers le Bosphore, se disputent la répartition des vaisseaux saisis et remettent à plus tard la prochaine campagne. Du coup, au lieu de se lamenter, on agit. De manière inouïe, Sokollu Pacha n'a pas été décapité pour solde de tout compte comme chacun de ses prédécesseurs aux lendemains de défaites bien moindres. Au contraire, on lui laisse carte blanche. Sans doute parce que personne ne sait mieux que lui apaiser le sultan : «Qui parle de défaite, demande-t-il ? Nous avons sacrifié quelques navires mais eux ont perdu Chypre. C'est comme si nous avions échangé quelques cheveux contre un bras. Les nôtres repousseront, pas le leur. » En effet, les chantiers de Kassim Pacha rebâtissent en un hiver une nouvelle flotte et l'amirauté ottomane reprend ses raids. Cerise sur le gâteau, elle s'empare de Tunis, prunelle des yeux de la marine espagnole. Vigoureux, grave, efficace, silencieux, Sokollu tient l'État en main. Rien ne l'inquiète. Quand Sélim s'est interrogé sur la capacité de Galata à remonter une flotte en un hiver, il l'a rassuré d'une simple boutade : « Nos ressources sont telles, seigneur, que si vous le souhaitez, je ferai équiper les vaisseaux de cordes en soie et de voiles en satin. » Sélim n'en demandait pas tant. Il ne voulait qu'être rassuré. Et quand il rend l'âme à son tour, son successeur, Mourad III, abandonne à nouveau complètement à Sokollu la conduite des affaires. Lesquelles sont florissantes.

Les structures de l'administration sont claires, son organisation est solide, ses responsables compétents. Les féodaux n'ont pas de pouvoir, ni les cités d'autonomie, ni les nobles de privilèges. Tout dépend du sultan qui choisit les grands commis de l'État parmi les esclaves « ramassés ». Leur réserve est inépuisable. Tous les cinq ans environ, on confisque deux ou trois mille enfants parmi les plus doués de l'Empire qu'on enlève à leurs parents entre cinq et onze ou douze ans. Ensuite, on leur accorde une éducation exceptionnelle au palais. Puis on leur confie les rênes. Écartées des affaires, les grandes familles ottomanes, frustrées, surnomment le Conseil des vizirs « le marché aux esclaves ». C'est le triomphe de la méritocratie et la pierre de touche de la puissance ottomane. La naissance et les relations ne servent à rien ; seule importe la compétence – ce qui n'empêche pas la fidélité à ses origines. Arraché à sa famille serbe de Bosnie tout enfant, Sokollu Mehmet favorise cette province pendant son long gouvernement. Il y rétablit même le patriarcat orthodoxe au profit de son frère resté, lui, chrétien. Ces faveurs sont si naturelles que certaines familles musulmanes confient d'ailleurs un enfant à des chrétiens avec l'espoir que les recruteurs impériaux le choisiront. Inversement, des chrétiens, attachés à leurs fils, les marient dès l'âge de huit ou neuf ans, sachant qu'un homme marié ne peut entrer au service. Le résultat est là : Soliman a beau avoir disparu, Istanbul et ses six cent mille habitants reste la cité la plus prospère du monde. Un lieu incarne cette insondable richesse : le Grand Bazar.

C'est une ville dans la ville. Nul n'y habite et, à la nuit tombée, ses dix-huit portes sont hermétiquement closes. Toutes les banques sont là et les riches déposent leurs fonds dans leurs coffres. Mais, au long des soixante-sept rues du centre commercial, on trouve également des mosquées, des fontaines et des hammams. Là prient et se détendent les agents de cette fourmilière où tous les trésors du Proche-Orient échouent tôt ou tard. Le décor est magnifique. Des chandeliers immenses éclairent les allées, on marche sur des tapis, les murs sont tapissés de faïence, on propose du thé et des fruits, c'est un labyrinthe, un marché et un salon. Rien de salissant. Les puces et les commerces d'alimentation restent à l'extérieur. Ici se vendent les brocarts, les velours, les damas, les bijoux, les pierres précieuses, l'or, l'argent, la porcelaine, les fourrures, le cuivre, les bottes, le cuir, la vaisselle, les meubles, les miniatures, les céramiques... Des sommes folles changent de main à l'abri de tout risque car, de jour comme de nuit, des gardes veillent. On déambule dans ce caravansérail de rêve et vos yeux proclament que vous êtes au centre du monde. Istanbul est une fête. Du reste, on passe son temps à s'y amuser. Dans le luxe.

Sur la rive asiatique du Bosphore, loin de l'agitation frénétique du centre-ville, les riches se font construire des villas de rêve, pieds dans l'eau. On y va en caïque et on se promène dans les jardins pleins de bougainvillées qu'ombragent des arbres de Judée. Les vizirs, les pachas et le sultan lui-même font construire des palais qui leur servent de résidence secondaire. Tout le monde part se reposer dans leurs parcs et se rafraîchir sous leurs jets d'eau. À cette époque, l'expression « douceur de vivre » passe pour un mot ottoman. Et on en jouit de tout côté. En ville, partout, se sont ouverts des cafés où l'on boit des mokas et du thé en jouant au trictrac et aux échecs, en écoutant de la musique et en fumant le narguilé. Des centaines de violonistes et de flûtistes animent les cabarets chantants. À tout moment, il se passe quelque chose. Les gitans montreurs d'ours sont à tous les coins de rues, les spectacles d'ombres chinoises attirent la foule. L'Empire se laisse vivre. Sultan de 1703 à 1730, Ahmed III n'aime que les femmes, les oiseaux et les fleurs. Pendant que Damad Ibrahim Pacha, grand vizir durant douze ans, ouvre le pays sur l'extérieur, lui s'occupe de ses volières et de ses jardins. On surnommera son règne le « temps des tulipes ». Chacun le sait : les Ottomans sont les maîtres du monde. À peine évoquée, Lépante a été oubliée. Le palais veille sur la ville. C'est l'âme du monde.

Mais une âme agitée. Le pouvoir est en train d'y changer de main. Au temps des sultans va maintenant succéder l'ère des sultanes. Les femmes se sont emparées des commandes. Du temps de Soliman, on en dénombrait trois cents au harem. En une vingtaine d'années, leur nombre passe à mille, toutes chrétiennes, naturellement, puisque aucune musulmane ne peut être réduite à l'esclavage. Les plus réputées pour leur beauté sont les Russes mais il y a aussi des Italiennes, des Grecques, des Albanaises et des Serbes. Souvent, achetées au marché, elles ont été offertes par un pacha venu solliciter une faveur. Sous le règne des grands conquérants, leur vie s'écoulait *pianissimo*. Enfants, on leur enseignait la couture, la broderie, la musique et la poésie. Ensuite, sous l'œil de la sultane mère et des eunuques noirs, elles faisaient carrière dans les services des bijoux, des robes, de la table ou des bains. Alors les esclaves noires leur servaient de domestiques et elles attendaient le coup d'œil ou la remarque anodine du sultan qui métamorphoserait leur sort en destin. Ignorées par la pupille impériale mais méritantes, elles pouvaient avoir la grâce d'être mariées à un haut fonctionnaire ou à un officier brillant. Mais, élues pour un soir, elles devenaient *ikbal* ; choyées plus longtemps, elles entraient dans le cercle très fermé des *kadin* et tous les rêves leur étaient permis. Prudence, toutefois, il ne s'agissait que de rêves. Au harem, le vrai pouvoir revenait toujours à la mère du sultan régnant, la Validé Sultane. Et mieux valait ne pas s'opposer à elle. Au meilleur des cas, on recevait la visite du muet du sérail et de son petit cordon. Dans le pire, on était exilée au palais des Larmes, l'ancienne résidence de Mehmet II, transformée en pénitencier capitonné où des centaines de femmes délaissées, oubliées, ignorées ou punies attendaient sans fin et sans la moindre activité que la mort vienne les délivrer d'un infernal ennui et d'une odieuse nostalgie des jours où on les conviait aux fêtes de la salle du trône. Et inutile d'espérer un retour de la faveur lorsque celle-ci était passée. Seuls restaient l'oubli, le regret et les ombres. Le chef des eunuques noirs n'a ni organes génitaux visibles, ni cœur apparent. Immensément riche, administrateur des villes saintes, placé dans la hiérarchie protocolaire juste après le grand vizir, il n'a qu'une passion : sa fonction. Essentielle, du reste, car, chargé du bon ordre dans le sérail, il a aussi la responsabilité de l'éducation des jeunes princes. Pour les futurs sultans, il est le premier père. Personne à la Cour ne se met en travers de son chemin. Et, pendant longtemps, aucun d'entre eux n'a défrayé la chronique.

Tout change avec l'intronisation de Sélim II. À peine nommé, ayant reçu le serment d'allégeance des grands dignitaires, il s'est déplacé en grand charroi à Sainte-Sophie pour la prière du vendredi. Puis il s'est rendu en pèlerinage au tombeau d'Eyyub, un compagnon du Prophète qui passe pour être mort sur les rives de la Corne d'Or. Là, on l'a ceint du sabre d'Osman qui officialisait son entrée dans la lignée des souverains ottomans – que d'acrobatiques généalogistes font remonter à Noé. Et, ensuite, rien ! Sélim a décidé qu'il en avait assez fait. Ayant confié l'affaire familiale à Sokollu Pacha, il lâche la bride à ses fantasmes soigneusement masqués du temps de son très prude père : s'inondant de parfum et se couvrant de perles, il adore se rouler nu dans la zibeline en galante compagnie. Ce qu'il va faire pendant sept ans. Et ce à quoi on incitera désormais ses successeurs.

Que le sultan ne se soucie que de ses plaisirs laisse la voie ouverte aux autres pour s'intéresser aux affaires de l'État. Faites confiance à l'ambition humaine : les volontaires ne manquent jamais. Et d'abord parmi les princes. Ils sont innombrables dans une famille où le père a autant de femmes qu'il le souhaite. Mourad III, sultan de 1574 à 1595, a cent trois enfants dont vingt fils et vingt-sept filles vivent encore à sa mort. Pas long-temps, d'ailleurs. À peine un jour ! Son successeur, Mehmet III, fait tuer sur-le-champ ses dix-neuf frères. Alors, l'esprit tran-quille, il se consacre entièrement aux douceurs de son harem. Tout comme, plus tard, entre 1640 et 1648, Ibrahim Ier. Dont le successeur, Mehmet IV, consacre ses quarante ans de règne, jusqu'en 1687, à la chasse. Pour le plus grand bonheur des intrigues de la Cour. Où, protégées par le sultan-marionnette, règnent les femmes qui agissent pour leurs fils ou leurs petits-fils tenus, eux, à la plus extrême prudence. Tout, en effet, leur est interdit, même de porter la barbe – ce qui pourrait heurter leur père, seul détenteur autorisé de la virilité impériale. Plus tard, ils n'auront même plus le droit d'enfanter, honneur réservé au frère aîné.

Rien de grand ne peut sortir de ces conspirations de boudoir. La médiocrité, en revanche, y prospère. Les règnes insignifiants vont se succéder. Couronné en 1617, Mustafa Ier se révèle fou. À lier ! Trois mois après son arrivée sur le trône, les janissaires l'enferment en prison. Mais Osman II, son successeur, déplaît à son tour à la sultane mère que l'insignifiance de Mustafa arrangeait bien. Un coup d'État est vite organisé et Osman est jeté dans la forteresse des Sept Tours. Où, avant de le tuer, on lui écrase les testicules. Et où, une fois mort, on lui coupe le nez et les oreilles pour les rapporter en trophées à la sultane mère qui vient de réinstaller son cher Mustafa sur le trône qu'il occupe pour elle. Pas longtemps. Sa nullité dépasse l'entende-ment. Rien d'étonnant à cela, d'ailleurs. Le « système » l'a rendu fou. Avant de parvenir au sultanat, il a passé les quatorze ans de règne de son frère Ahmed dans la « cage ». Puis il y est retourné pendant les quatre ans d'intérim d'Osman II. Et, à présent, quand on le déposera une seconde fois, il va encore s'y terrer jusqu'à sa mort, seize ans plus tard. Son successeur, Murad IV, souverain efficace, rétablit l'ordre mais ne retire pas des esprits qu'on peut se débarrasser d'un sultan. Ce triste sort surviendra du coup à sept de ses douze successeurs. Alors qu'en France, entre 1610 et 1789, ne régneront que quatre Louis, quatorze intérimaires vont défiler sur le trône ottoman que désigne en turc le terme *taht* presque homonyme de celui de *tahta* qui signifie cercueil.

Les guerres matrimoniales commencent dès la disparition de Sélim, le fils de Soliman, en 1574. Installé sur le trône pour vingt ans, Mourad III cède tous ses pouvoirs à sa mère, la Validé Sultane Nour Banou, qui contrôle tout et chacun avec l'assistance sourcilleuse du Kizlar Aghassi, ce fameux eunuque noir. Leur stratégie est simple : étouffer le sultan sous les caresses des plus belles filles du monde. Il lui en tombe sans cesse de nouvelles dans les bras. Mourad plane. Jusqu'au soir où, alors qu'il était étendu dans son lit, une petite voix à l'accent italien lui susurre que le pouvoir n'est pas forcément ennuyeux. Qui parle ? Safiyé Sultane, une Vénitienne capturée par un corsaire barbaresque et résolue à n'être pas qu'une friandise sexuelle passagère. Intelligente, elle cache son jeu jusqu'au jour où elle tombe enceinte. Alors elle abat ses cartes et se dresse contre Nour Banou. La lutte va durer des années et chacun s'en mêlera. Safiyé, née Baffo, devenue sultane à Istanbul, échange d'ailleurs une abondante correspondance avec Catherine, née Médicis, couronnée reine à Paris. Et, fatalement, c'est elle qui gagne lorsque son fils, Mehmet III, accède au pouvoir en 1595. Brève victoire, cependant. Égarée par son propre triomphe, elle abuse de son autorité, se crée mille ennemis à la Cour et finit étranglée. Mais l'histoire va se répéter puisqu'on sait bien que les hommes ne tirent jamais qu'une seule leçon du passé : il faut bien étudier nos erreurs anciennes afin de les répéter !

Et c'est ce qui arrive à la mort de Mourad IV en 1640. En dix-sept ans de règne, il a rétabli l'autorité de l'État, reprenant à son compte les réformes qui avaient coûté la vie à Osman II : les fortunes indues sont confisquées, les registres d'impôts mis à jour, Bagdad reconquise, les Iraniens ramenés au pas, les janissaires envoyés au front et le clergé muselé. Comment obtient-il ce dernier miracle en terre musulmane ? En exécutant ses dignitaires, en saisissant leurs biens et en donnant, en paroles, tous les gages de la foi la plus sévère : l'usage du café, du tabac puis du vin est interdit, les communautés non musulmanes sont contraintes à porter leurs vêtements distinctifs et quelques auteurs satiriques ironisant sur les mollahs sont tués. À ce prix, chacun y trouvant son compte, l'ordre règne et Istanbul prospère. La ville, maintenant peuplée de six cent cinquante mille habitants, reste la plus belle d'Europe. Seul le sérail grogne. Le pouvoir lui a échappé. À la mort de Mourad, la nouvelle sultane mère reprend les choses en main.

C'est la redoutable Keussem Sultane. Le cynisme incarné. Son fils, Ibrahim Ier, est une potiche tremblante. À son avènement, il a fallu l'arracher à la cage où il végétait depuis des années. La Couronne pour lui va se résumer en harem langoureux et soirées voluptueuses. Un souffle de vent tiède dans les palmiers, une odalisque habile de ses doigts, un joli minaret au loin, un esclave bien tourné au plus près, des draps de satin, des *rahat lukums* et tout lui convient. C'est Sardanapale endormi. Sa mère le met donc au lit, renouvelle sans cesse son cheptel amoureux plutôt masculin, et place des hommes à elle au gouvernement. Entre 1640 et 1648, treize grands vizirs se succèdent. À la moindre saute d'humeur, Keussem les chasse. Or tout va mal. La guerre en Crète contre Venise s'éternise et ruine les finances. Les mauvaises nouvelles se succèdent et les têtes tombent. Mal payés, les janissaires se révoltent. Tout est la faute de Keussem mais quand la mesure est comble, elle désigne Ibrahim comme responsable et le laisse assassiner. Une seule chose lui importe : garder le pouvoir. À cette fin, elle désigne comme successeur Mehmet IV, son petit-fils. Mauvaise pioche : Mehmet n'a que six ans et tombe sous la coupe de sa propre mère, Khadija Turhân Sultane. La guerre entre les deux femmes est impitoyable. Tous les dignitaires de la Cour sont priés de choisir leur camp. D'une semaine sur l'autre, à nouveau, les têtes tombent. Enfin, en 1651, Keussem est vaincue. On la tue. Dans des conditions épouvantables, Khadija y veillant personnellement. Ensuite, elle place ses propres favoris. En quelques années, le nombre de salariés du gouvernement passe à cent mille. Le Trésor se ruine à se créer des obligés. Le déficit est abyssal. On multiplie les impôts et on dévalue sans relâche. Les ulémas reprennent du poil de la bête et s'opposent à toute réforme. Pire : les Vénitiens enchaînent les victoires. Inouï : en 1656, ils bloquent le détroit des Dardanelles. L'approvisionnement de la capitale est interrompu. Les prix montent en flèche. La disette s'annonce. La ville s'enflamme. Chose jamais vue depuis Mehmet II : le sultan quitte sa capitale. C'en est trop. C'est la révolution. Khadija Turhân Sultane cède. Le pouvoir est confié à un nouveau grand vizir : Mehmed Köprülü.

Jusque-là, une seule famille avait représenté l'État, celle des descendants d'Osman, l'homme qui avait donné son nom à l'empire ottoman. À présent, un autre nom va incarner le pouvoir à Istanbul : celui des Köprülü. On n'attend qu'une chose du premier d'entre eux : qu'il rétablisse l'ordre. En 1648, en 1651, en 1655 et encore au début de l'année, en 1656, les janissaires se sont révoltés. À chaque fois, ils brûlent des maisons, cambriolent des propriétés, saccagent des entrepôts, saisissent des biens, rançonnent des commerçants. La population, à présent, les hait. Köprülü aura son soutien sans réserve. Et chacun va très vite savoir où réside désormais le pouvoir : chez lui, dans le palais de l'ancien grand vizir Halil Pacha, connu pour sa porte tellement monumentale qu'on l'a surnommée la « Sublime Porte ». À partir des Köprülü, ce sera d'ailleurs le nom du gouvernement ottoman et, au-delà, de l'Empire lui-même. Une ère nouvelle s'ouvre.

Prudent, Köprülü commence par édicter que la sultane mère, « couronne du diadème voilé de la chasteté », recevra désormais la pension la plus fastueuse de l'Empire. Sur quoi, il la renvoie à ses tapisseries avec ordre de n'en pas lever le nez, sinon pour savourer un léger sorbet et papoter avec ses jolies petites esclaves, rien de plus. Son analyse est très simple : « Deux mendiants tiennent à l'aise sur un kilim mais l'Empire n'est

Lucide, Constantin observe que le christianisme est devenu la première religion de l'Empire. En 313, à Milan, un édit de tolérance en rend donc la pratique légale. Et, en 330, quand il inaugure la nouvelle capitale, il la place sous la protection de la Vierge Marie. Quant à se faire lui-même baptiser, il attend la dernière seconde, en 337, juste à l'heure de l'extrême-onction. Pour être sûr d'arrivé blanchi de tous ses crimes aux portes du paradis. Le tableau de Giulio Romano, exposé au Vatican, le montre en homme encore jeune. En fait, c'était un vieillard glorieux mais épuisé.
© AKG, Paris

L'histoire de Constantinople se lit en mosaïques. Sur celles de San Vitale, à Ravenne, alors capitale de la partie occidentale de l'Empire, Justinien (ci-contre en haut) porte la pourpre des basileus. Tout comme Théodora (ci-contre en bas) qui affiche des airs de sainte pour effacer le sperme, le sang et les larmes qu'elle fit couler à gros bouillons.

Basileus de 1042 à 1055, Constantin IX (ci-dessus, à gauche), issu de la famille Monomaque, avait été choisi comme époux par l'impératrice Zoé (ci-dessus, à droite), fille de Constantin VIII, qui avait déjà épousé et épuisé Romain III et Michel IV. S'étant vite débarassée de Michel V, elle posa la couronne sur la tête de Constantin qui ne fit rien pour l'Empire. Et assista sans intervenir à la rupture entre le pape et le patriarche de Constantinople qui mena au Grand Schisme en 1053. Si le Christ bénit le couple sur cette mosaïque de Sainte-Sophie, Dieu, lui, ne leur dit pas merci. © *Dagli-Orti*

C'est évidemment au Palais des Doges que trône cet immense tableau du Tintoret, représentant la prise de Constantinople en 1204. Le peintre a choisi de montrer l'assaut des murailles maritimes mené par la flotte de la Sérénissime sous les ordres du doge Dandolo. Envoyé trente ans plus tôt en émissaire de sa République, Dandolo avait eu les yeux brûlés au fer rouge pour « insolence ». Ayant juré de se venger, il sauta sur la quatrième croisade pour accomplir son vœu. Tenant en laisse les chevaliers d'Occident criblés de dettes, il les jeta contre la Ville des villes, dont il organisa ensuite un pillage méthodique. Ultime affront : il se fit enterrer à Sainte-Sophie.

© Cameraphoto / AKG Paris

Nommé sultan à 19 ans, Mehmet II décide immédiatement d'en finir avec Constantinople. Deux ans plus tard, le 2 avril 1453, il dresse le siège de la ville. Et s'en empare le 28 mai. Entré dans sa nouvelle capitale sur un cheval blanc, il s'occupe vite de la repeupler, garantit aux chrétiens la liberté de culte et laisse aux Vénitiens et aux Génois celle du commerce. En même temps qu'il bâtit le palais de Topkapi, il fait édifier le Grand Bazar, immense entrepôt-banque protégé par l'armée. En quelques années, sa capitale redevient la ville la plus prospère de la Méditerranée. (Mehmet II dit le Conquérant, Dresde.)

Sultan de 1520 à 1566, Soliman II est le plus puissant souverain européen. Il occupe tous les Balkans, s'empare de Budapest et met même le siège devant Vienne en 1529. Connu en Occident comme « le Magnifique », il est surnommé en Turquie « le Législateur » car, comme Napoléon Ier entre deux campagnes, il a bâti le cadre des lois civiles, pénales et administratives de son Empire. Gouvernant d'abord avec son favori, le grand vizir Ibrahim, il règne ensuite avec la grande sultane Roxelane. Tel Charles Quint, il finit mystique et, resté sur le trône, mène à Topkapi une vie pieuse et modeste. *© Erich Lessing / AKG Paris*

Brillant officier, Mustafa Kemal devient célèbre pendant la Première Guerre mondiale en infligeant une écrasante défaite aux Britanniques dans les Dardanelles. Après l'armistice, alors que les Alliés démantèlent l'Empire ottoman, il rassemble à Ankara les débris qu'on l'a chargé de démobiliser. Puis il organise des élections générales et réunit en 1920 la Grande Assemblée nationale turque à Ankara. Enfin, en 1921, il lance l'offensive générale contre les Grecs qui occupent Istanbul, Smyrne et toute l'Anatolie occidentale. Vainqueur, il s'empare du pouvoir, signe la paix à Lausanne et , jusqu'à sa mort en 1938, transforme la Turquie en État républicain, laïc, moderne et indépendant. Toute forme d'opposition est interdite mais, pour son peuple, Atatürk, le « Père des Turcs », reste le nouveau Soliman. © Ulstein / AKG Paris pas assez grand pour la sultane mère et moi. » Dont acte : Khadija Turhân ne quitte plus ses pénates. Et Köprülü gère. En cinq ans, il mate les religieux et l'armée, rétablit les finances et se rend indispensable. Au point que, sentant sa mort venir, il convoque le sultan et ordonne à Mehmet IV de nommer son fils, Köprülüzade Fazil Ahmed, comme son successeur. Il va rester grand vizir quinze ans, jusqu'à sa mort. Et remporter bataille sur bataille contre les Autrichiens, les Polonais et les Russes. Sans, pour autant, se lancer dans de grandes opérations militaires. L'Empire ne mène plus la danse mais le sait et parvient à faire illusion. Et, quand le grand vizir est sur le point d'expirer, les Köprülü décident toujours du sort de l'Empire : convoquant à son tour Mehmet IV, il lui enjoint de nommer à sa propre fonction, son beau-frère, Kara Mustafa Pacha. Qui va gouverner six ans mais, se prenant pour Soliman le Magnifique, mettra à son tour le siège devant Vienne pour le lever lui aussi, trois mois plus tard, bredouille. Une erreur qui lui coûte la tête. Mehmet IV, excédé des airs de grandeur de la famille Köprülü, le fait exécuter le 25 décembre 1683. La ville murmure, le monde observe et le harem jubile. Le pouvoir va revenir au palais. Pour un temps, du moins. Car d'autres Köprülü arriveront bientôt à la tête du gouvernement. Faril Mustafa Pacha en 1689, Amdjazade Hussein Pacha en 1697... Leur étoile, néanmoins, ne brille plus avec le même éclat. Du coup, les intrigues du sérail reprennent sur les terrasses de marbre qu'illuminent les chatoyants clairs de lune. Comme avant quand tout allait bien, au temps de la grande splendeur ottomane.

MASSACREZ LES JANISSAIRES
JUSQU'AU DERNIER

Les années passent, puis les siècles et l'Empire ottoman s'affaiblit. En 1699, il signe une paix défavorable avec les Autrichiens à Karlowitz : la Hongrie et la Roumanie lui échappent. Les Russes, ensuite, entrent dans la danse. De Pierre le Grand à Catherine II, leur marche vers la mer Noire est inexorable. En 1774, le traité de Kutchuk-Kaïnardji les établit définitivement en riverains de cet ancien lac ottoman. Ces revers en série ne modifient pourtant en rien la douceur de l'occupation ottomane pour les peuples balkaniques restant sous la coupe d'Istanbul. Les Turcs sont des conquérants plus paisibles que leurs rivaux européens. Là où la botte des Habsbourg et des Romanov écrase toute sédition sous le talon, les Ottomans lâchent une bride détendue sur le cou de leurs sujets étrangers. Un léger voile d'administrateurs se pose sur les provinces lointaines et, autant que possible, laissent les populations gérer elles-mêmes leurs affaires. Jamais il n'est question d'imposer la langue turque, moins encore de se lancer dans des campagnes de conversions forcées. Alors que les guerres de religion déchirent l'Occident, les Ottomans abandonnent à chacun le soin de son âme. À Istanbul, musulmans, Grecs, Arméniens et juifs cohabitent en toute civilité. Seuls les provocateurs impies et les libres penseurs tombent sous le coup de la loi. Les sectes et les confréries musulmanes, en revanche, pullulent. Ceux qui associent immanquablement islam et intégrisme n'ont aucune idée de la tolérance des califes lorsque l'autorité religieuse suprême était ancrée sur les rives de la Corne d'Or. Les mevlevi, les bektasi, les kalenderi, les rufâi, les ahmedi et les autres vivent et prient en bonne intelligence – quand même certaines de ces chapelles frisent l'hérésie. Il n'y a pas plus indulgent qu'un religieux turc. Quand quelque chose lui déplaît, il ferme les yeux. Et s'il est un groupe auquel l'État interdit qu'on cherche des noises, c'est celui des chrétiens orthodoxes balkaniques – ne serait-ce que pour leur éviter la tentation d'appeler au secours les Vénitiens, Espagnols, Autrichiens et autres catholiques dont ils ont tant souffert sous l'ère byzantine. Chaque Église conserve son autonomie dans l'Empire et constitue bientôt un rouage de l'État. Tout au plus leur recommande-t-on de veiller à ce que, dans chaque ville, aucune église et aucune synagogue ne dépasse en hauteur les mosquées où se recueillent les fidèles de la vraie foi.

Cette sérénité ne se borne pas aux affaires religieuses. Dans l'Empire, Grecs, Albanais, Serbes, Bulgares, Macédoniens, Bosniaques, Croates et autres restent d'abord des Grecs, des Albanais, des Serbes... Les coutumes ancestrales sont préservées, les langues conservées, les noblesses locales respectées. Toutes les nationalités sont traitées sur un pied d'égalité. Qu'elles payent le tribut annuel, qu'elles laissent le fisc accomplir sa tâche et rien de déplaisant ne surviendra. L'Empire n'a pas de têtes de Turcs. Il contrôle un ensemble disparate mais pas question, comme en France, de plonger toutes les provinces dans un moule jacobin qui unifie les langues et les traditions. Le terme n'est pas encore à la mode mais Istanbul gouverne une fédération aux liens assez lâches. Et s'en satisfait. Quand débutera la guerre d'indépendance grecque, les intellectuels européens, entraînés par lord Byron et les premiers cavaliers du droit d'ingérence humanitaire, dénonceront d'une plume inspirée la violence ottomane. Delacroix trempera son pinceau dans le sang des bébés pour donner de l'éclat aux

Massacres de Scio. Mais la défaite en rase campagne des Turcs sur le champ de la propagande cache la réalité : si les Grecs se sont libérés les premiers, c'est qu'ils étaient moins domestiqués que les peuples tenus sous les jougs autrichien et russe ou, plus loin, en Amérique du Sud, espagnol. Au début du XIXᵉ siècle, l'État ottoman est un maître plutôt bienfaisant et conciliant. Parce que telle est sa nature, mais aussi parce qu'il serait bien incapable de ne pas l'être. Ce ne sont pas l'humanisme et la charité qui le guident mais sa faiblesse. Elle le muselle.

Le pays somnole. Autrefois les deux tranchants du sabre ottoman s'appelaient vitesse et organisation. Nous n'en sommes plus là. La vieille lame émoussée repose dans un fourreau d'orgueil et de paresse. Le cimeterre s'est transformé en coupe-chou. Les finances ne s'équilibrent jamais, on dévalue inexorablement la monnaie, les registres du recensement ne sont pas tenus à jour, on se met à vendre des charges, on vit d'expédients – dont certains ingénieux : puisque le Coran interdit le tabac, au lieu de le bannir du commerce, on le soumet à l'impôt. Parfois un grand vizir réagit, diminue le nombre de pensionnés d'État et tente de réformer la machine économique. À chaque fois, on le chasse, quand on ne l'exécute pas. Les mots « création », « adaptation », « rénovation » sont bannis du langage. Et personne ne s'en émeut outre mesure puisque l'Empire vit, commerce, s'amuse et maintient les apparences. L'Europe, ravagée par la guerre de Trente Ans, puis par les guerres révolutionnaires et napoléoniennes, ne s'occupe plus de la Sublime Porte. Istanbul, du coup, se laisse aller à la somnolence orientale. Tout est sclérosé. Les termes d'industrialisation ou de démocratie n'évoquent rien. On envoie des ambassades à Paris et à Londres, on lit leurs rapports, puis on les enterre. On bâtit quelques mosquées en ville, on organise des fêtes dans les somptueux *yäli* de marbre qui longent le Bosphore, on maintient les apparences. Mais on ne prend jamais aucune initiative nouvelle. On se prélasse dans le souvenir d'une grandeur passée et on ne s'agite que pour défendre les avantages acquis. Un groupe, à cet égard, se montre insupportable dans son égoïsme, son aveuglement et sa prétention à maintenir un héritage glorieux quand il ne s'agit que de préserver des prébendes : les janissaires.

Longtemps, ils furent le fer de lance de l'Empire. La garde prétorienne du sultan. Sa troupe la plus prestigieuse et la plus redoutée. À Varna, à Kosovo, à Ankara, lors de la prise de Constantinople, ils mouraient en héros ou faisaient pencher la victoire dans leur camp ; jamais, ils ne tremblaient. C'était le dernier rempart. Grâce à ce courage inégalable, l'état-major ottoman pouvait dédaigner les fortifications qui gaspillent du temps et tout miser sur l'offensive. Condamnés au célibat, les janissaires remplaçaient l'amour du foyer par le culte du sultan. Leur soumission était aussi absolue en temps de paix que leur fanatisme guerrier pendant la guerre. L'Europe entière étudiait leur intendance. Sur les champs de bataille, des bataillons de porteurs d'eau se transformaient en infirmiers. Sur les routes de la conquête, ils ne laissaient aucune trace de leur passage : ni pillages, ni saletés. L'hygiène irréprochable de leurs campements faisait l'admiration. Et aucune innovation technologique ne leur était indifférente. À peine inventée par les Italiens, l'arquebuse avait été adoptée par leurs *agas* – c'est-à-dire leurs chefs. Leur artillerie était la plus efficace de l'époque. On était fier d'être janissaire comme, plus tard, les vétérans de l'Empire revendiqueraient jusqu'à la mort le titre de « grognard ». Un orgueil qui se manifestait jusque dans les détails. De leur tenue, d'abord, reconnaissable à ses grands bonnets de feutre blanc qui inspiraient le respect et la crainte comme, aujourd'hui, les képis blancs de la légion. De leurs grades aussi qui n'avaient rien à voir avec ceux des régiments réguliers. Les délibérations de la troupe ayant, dans les premiers temps, eu lieu autour de repas, la marmite était devenue l'emblème du corps. Et tout, chez les janissaires, conservait un fumet de cuisine. Le sultan était appelé le « père qui nous nourrit », les colonels étaient les « faiseurs de la soupe », les capitaines étaient les « cuisiniers », les sous-officiers étaient des « marmitons ». Et ainsi de suite. Toute la mythologie janissaire reposait sur cette double légende : impitoyables avec les autres, ils formaient entre eux une famille indestructible. Et comme on les admirait sans réserve, tout l'Empire acclamait cette armée dans l'armée. Jusqu'au jour où elle se transforma en État dans l'État.

Dès Mehmet II, de premières alertes avaient sonné le tocsin au gouvernement. Les janissaires exigeaient une forte prime de leur nouveau souverain. Cela devint une exigence incontournable : le don de joyeux avènement. Mais cela ne cessa pas. À chaque crise, les janissaires grondaient. Parfois, ils imposaient leur candidat. À l'occasion, ils allaient jusqu'au coup d'État.

En 1730, leur chef, Patrona Khalil, s'empare de la capitale, obtient la tête de Damad Ibrahim Pacha, un brillant grand vizir réformateur, puis contraint Ahmed III à abdiquer. Mais cela ne leur suffit pas. Pour montrer leur haine des nouveautés introduites par le règne précédent, ils vont jusqu'à détruire les résidences récentes bâties sur la Corne d'Or. Le palais de Sâadabad, sorte de Trianon ottoman, suite de pavillons étagés le long d'une rivière se jetant dans le port, est détruit pierre par pierre. Surtout ne laisser aucune trace de la douceur de vivre occidentale chère à Ahmed III. Et, bien entendu, chasser ses proches. Les janissaires confisquent les hauts postes de l'administration. Leur morgue dépasse tant les bornes que Mahmoud Ier finit par faire étrangler Patrona Khalil, l'*aga* des janissaires. Mais l'alerte a été chaude. Et la leçon ne porte pas. Tout au long du XVIIIe siècle, plus l'Empire s'affaiblit, plus ils veillent à le scléroser. Leur valeur militaire n'est plus qu'un souvenir lointain, ils se sont transformés en boutiquiers cramponnés à leur pas de porte. Les janissaires ne servent plus l'État mais se servent de lui.

Étant esclaves du sultan, ils bénéficient d'exemptions fiscales. Ce qui donne l'idée à de nombreux artisans et commerçants de se faire engager dans leur troupe. En quelques décennies, le résultat est là : un régiment d'élite devient un syndicat patronal de P.M.E. À la fin du règne d'Abdülhamid Ier, on s'aperçoit que seul un dixième des janissaires mobilisables est encore en état de porter des armes. Impossible, cependant, de remédier à cet état de fait : ils sont devenus le groupe le plus riche de l'Empire. Et tout est bon pour arrondir leurs magots. Parmi les monopoles qu'ils ont confisqués, outre la maîtrise d'œuvre des grands chantiers officiels ou l'entretien et la gestion des aqueducs municipaux, on compte la lutte contre les incendies à Istanbul et dans les principales villes de l'Empire. Chaque feu est l'occasion de véritables cambriolages organisés car, dans un temps où les pompes à eau manquent, la technique des janissaires est d'abattre les bâtiments entourant le foyer. Dans ce cas-là, tout est perdu pour le propriétaire, mais pas pour les sauveteurs. Inutile de préciser que, dans ces conditions, les anciennes idoles des foules sont prises en grippe. Personne, néanmoins, ne bouge. À la moindre contrariété, les janissaires grondent, occupent la rue, molestent les passants, confisquent leurs biens. Comme pour proclamer leur « différence », ils pratiquent même un islam à eux : leur troupe est entièrement sous la coupe d'une secte, celle des bektasis.

Très étranges, ces bektasis. À mille lieues, en tout cas, de l'orthodoxie sunnite. Leur doctrine est une vraie semoule de bouddhisme, de paganisme turc, de chiisme et de christianisme. Ils pratiquent la confession et l'absolution des péchés et ils prient une Trinité composée d'Allah, de Mahomet et du calife Ali. Les femmes sont associées à leurs cérémonies et ne portent pas le voile. Cette tolérance s'étend d'ailleurs à tous car, selon eux, toutes les religions méritent le respect. Et cela convient à merveille aux janissaires qui savent que leurs aînés étaient tous des enfants de chrétiens enlevés à leurs parents. Mais qu'on ne s'y trompe pas : cette permissivité doctrinale s'arrête à la porte des mosquées. Dès qu'il s'agit de défendre leurs intérêts pécuniaires, les bons bektasis redeviennent âpres au gain. Le sultan Sélim III va en faire la cruelle expérience.

Monté sur le trône en 1789, il a, comme tous les souverains d'Europe, les yeux fixés sur la France. Mais il ne se contente pas de verser des larmes de crocodile sur le malheur du clan Capet.

Il observe de très près le fonctionnement d'une nation moderne et s'extasie devant les succès de l'armée républicaine formée en quelques semaines et capable de l'emporter à Valmy et à Jemmapes. D'où son idée, pour en finir avec l'incompétence et le corporatisme des janissaires, de créer une nouvelle force, le Nizam i-Jedid, encadrée par des officiers venus d'Angleterre, de Prusse ou de France. En quelques années, ce corps compte vingt-cinq mille hommes et se pose en rempart ostentatoire du sultan face à son ancienne garde prétorienne. Tout le monde attend une Nuit des longs couteaux. Elle survient en 1806 alors que, face aux menaces russes, le Nizam i-Jedid avance dans les Balkans. Quinze mille d'entre eux y sont massacrés à Andrinople par les janissaires. La crise est ouverte et le souverain, pris de vitesse, doit abdiquer avant d'être massacré. L'ère de la réforme a vécu. Un souffle de découragement balaye l'Empire. Heureusement la Providence veille et une lueur d'espoir s'allume au loin. Où donc ? Au Caire.

Là aussi, une troupe exerce la terreur. Ce sont les mamelouks. Arrivés au XIIIe siècle comme gardes personnels du sultan, ils l'ont éliminé, ont proclamé sultane sa belle-mère, l'ont contrainte à épouser leur chef et ont établi leur pouvoir. Au début du XVIe siècle, chassés du trône par Sélim Ier, le père de Soliman, ils sont peu à peu redevenus les maîtres du pays, fidèles vassaux d'Istanbul. Et ils règnent à la manière des janissaires : une troupe qui met son peuple en coupe réglée. Tous sont couverts d'or même si l'expédition d'Égypte leur a coûté cher. Au soir de l'engagement des Pyramides, le 21 juillet 1798, parcourant le champ de bataille et dépouillant les morts, les soldats français amassent un butin énorme en pièces et en bijoux. Écrasés par Bonaparte, les mamelouks ont depuis vu Mehmet Ali prendre le pouvoir en 1804 et se faire introniser pacha d'Égypte par la Porte. Mais ils pestent et, comme leurs camarades du Bosphore, ils intriguent pour reprendre la direction des affaires. Sauf que, chez eux, cela ne marche pas. Mehmet Ali ne cède pas. Mieux que ça : il ouvre les hostilités. Et le 1er mars 1811, c'est le massacre. Convoqués à la citadelle du Caire, leurs quatre cents chefs sont tués. Pour échapper à une mort infamante, certains préfèrent s'élancer au galop dans le vide depuis le haut des remparts. Ce qui frappe les esprits mais ne calme pas Mehmet Ali. L'épuration se poursuit, inexorable, dans les casernes. Le monde musulman est saisi d'horreur. Sauf Mahmoud II, le nouveau sultan ottoman. Lui reste songeur. Et admiratif.

Prudent, il ne se hâte pas. Il sait que, comme lui, l'Empire n'en peut plus de ces escadrilles de rapaces mais il ne les affronte pas bille en tête. C'est un réformateur mais, d'abord, c'est un tacticien. À tous, il cite Mehmet Ali en exemple. Non pas pour ses talents de nettoyeur, mais pour son génie d'administrateur capable de régénérer l'agriculture égyptienne, de se lancer dans un grand programme de construction de routes, de canaux et d'ateliers, d'inviter des ingénieurs français et anglais, de ramener l'ordre en Arabie et au Soudan... S'abritant derrière ce modèle, lui-même entreprend de réveiller l'Empire. Un mot envahit le langage : *tanzimât*, « réforme ». Mais le coup de grâce n'arrive toujours pas. Mahmoud attend et, sans presser le mouvement, flatte le clergé qu'il couvre de faveurs et qu'il monte contre les perpétuelles entorses au dogme des bektasis. Enfin, l'occasion se présente.

En 1821, le patriarche de Patras, Germanos, proclame l'indépendance de la Grèce. D'emblée, c'est un bain de sang. Les Grecs tuent tous les Ottomans installés chez eux ; en représailles, Istanbul massacre les Grecs de la ville. Puis la guerre s'étend. Et semble favorable aux Turcs. Grâce à Mehmet Ali, venu d'Égypte avec une flotte, ils reconquièrent le pays. Cette victoire passagère sert de prétexte au sultan. Il couvre de reproches l'état-major janissaire qui n'a pas su obtenir lui-même ce résultat. Alors, avec l'appui de l'artillerie, corps fidèle entre tous au souverain, et avec l'aide de troupes nouvellement créées pour monter sur le front grec, il lance l'attaque. Le 15 juin 1826, répliquant aux janissaires qui viennent de piller le palais du grand vizir, il fait bombarder leurs casernes. Puis il y met le siège. Et lance l'assaut. Une seule consigne : pas de quartier.

L'ordre est respecté à la lettre. On les tue tous. Des dizaines de milliers ! Sans aucun espoir de survie. Ceux qui réussissent à fuir sont coursés dans la ville qui les hait. En quelques jours, le corps entier est anéanti. Quand la nouvelle arrive en province, la boucherie reprend. Toutes les citadelles du pays, confiées aux janissaires, ruissellent les unes après les autres de leur sang. Et tous les organismes qui leur sont liés sont dissous. Perçus comme les maîtres à penser des janissaires, les bektasis sont dans la ligne de mire. Les chefs de la confrérie sont arrêtés et exécutés sur-le-champ pour « conspiration » et « hérésie ». Plusieurs couvents sont incendiés. C'est une hécatombe. Mais cela ne suffit pas à étancher la rage des habitants d'Istanbul. Saisie de folie, la ville se précipite dans les cimetières et décapite les monuments aux morts de ses anciens héros. Sur les tombes ottomanes, la forme et la taille des turbans indiquaient la fonction et le grade du défunt. Les profanations sont innombrables. Pourtant, dans le langage précieux de la Cour, ces coups de faux ravageurs entrent dans l'histoire comme le *vakayi khayriye*, l'« heureux événement ».

Inutile de préciser qu'une telle décapitation de l'état-major en plein conflit n'arrange pas les affaires. En quelques mois, la guerre est perdue. La Thessalie, la Macédoine, la Thrace, la Crète et la plupart des îles de la mer Égée restent turques mais une monarchie orthodoxe règne à Athènes. Qu'à cela ne tienne, Mahmoud II signe la paix. Et se consacre enfin à son grand dessein : réveiller l'Empire. Fini le Moyen Âge. Désormais, la propriété privée et la liberté individuelle sont instituées, l'armée est réorganisée à l'européenne, des tribunaux non religieux sont institués, l'enseignement devient un objectif gouvernemental et on fonde une université à Constantinople... Un décret historique marque cette révolution : le *hatti cherif* de Gulhané – ainsi nommé en référence aux jardins de Topkapi où il a été officiellement présenté aux notables ottomans et au corps diplomatique. Mahmoud rend l'âme juste avant de le signer. Cet honneur revient, le 3 novembre 1839, à son fils Abdul-Mejed Ier.

L'Empire n'est pas guéri. Mais il ne mourra pas. La révolution industrielle et l'ère moderne ne le balayeront pas. L'épopée ottomane se poursuit. Istanbul croit à nouveau à son avenir.

LE SULTAN ROUGE PURGE
L'HOMME MALADE DE L'EUROPE

La peur a changé de camp. L'Europe ne tremble plus. L'Empire ottoman, en revanche, est sur ses gardes. Tout au long du XIXe siècle, de crise en crise, puis de traité en traité, ses possessions fondent comme une peau de chagrin. Officiellement, les autres puissances européennes sont navrées. Le tsar Nicolas Ier, son pire ennemi, trouve un jour le mot qui résume tout. Il dit à l'ambassadeur d'Angleterre : « Nous avons sur les bras un homme très malade ; ce serait un grand malheur pour nous tous s'il venait à nous échapper. » Le pire est qu'il ne ment pas tout à fait. Comme les Habsbourg qui règnent sur des Tchèques, des Slovaques, des Hongrois, des Ruthènes, des Croates et *tutti quanti*, les Romanov tiennent sous leur férule des Polonais, des Baltes, des Ukrainiens, des Tatars et autres peuples où, comme à Varsovie, l'« ordre règne ». Ils observent donc avec vigilance la totale incompétence des Turcs face à leurs propres minorités, serbes, albanaises, grecques, bulgares, arméniennes, arabes et autres. Mieux (ou pire, en vérité), ils veillent à son chevet. Inutile de préciser qu'avec de tels médecins, la convalescence s'annonce longue. Et les rechutes innombrables. D'autant que les praticiens consultés donnent des avis divergents et réclament des honoraires exorbitants. La France, fausse amie fidèle, confisque peu à peu l'Algérie, la Tunisie, le

155

Liban et la Syrie. L'Angleterre s'offre l'Égypte et Chypre. L'Italie s'octroie même la Libye. Quant à l'Autriche et à la Russie, elles exigent du souffrant une immobilité complète. Ne supportant pas chez elles la moindre sédition, elles ne tolèrent pas que le sultan réagisse face aux rébellions qui agitent ses terres. Mais, de là à calmer ces révoltes, pas question. Vienne et Saint-Pétersbourg ne cessent au contraire de souffler sur les braises des colères balkaniques. Ensuite, dès que la Serbie, la Bosnie, le Monténégro, l'Albanie ou la Bulgarie s'agitent, elles se posent en protectrices des orthodoxes, des catholiques et de toutes les minorités disponibles. Incapables de s'imposer par la force, les Turcs sont contraints de louvoyer. Et, inexorablement, de reculer.

Pour s'en sortir, les intellectuels ottomans songent donc à employer les armes de l'adversaire. Puisque l'Europe est si forte, copions-la. Mais attention : s'il s'agit de s'inspirer d'un modèle, prenons-le séduisant. Donc aucun emprunt aux régimes russes ou autrichiens. Les salons d'Istanbul s'emballent pour la monarchie constitutionnelle anglaise et pour les républiques françaises. Et, peu à peu, les changements apparaissent. De haut en bas de la société. Le sultan abandonne ses caftans et adopte le costume occidental. Il quitte également le palais de Topkapi pour s'installer à Dolmabahçe une espèce de somptueuse pâtisserie versaillaise miroitant de cristallerie. Dans le genre kitsch, c'est une merveille – d'ailleurs ruineuse, mais indolore : quand il demande combien elle a coûté, le grand vizir le rassure : « Trois mille cinq cents piastres. » Rien, en somme. C'est vrai ! Le chiffre correspond aux quelques heures d'imprimerie nécessaires à la machine à billets qui a réglé la note. La gestion des affaires est pitoyable. Et ne risque pas de s'améliorer car les grandes puissances, par les emprunts qu'elles accordent, tiennent le pays. Des pans entiers de l'économie sont entre leurs mains. L'Empire se transforme en inépuisable et succulent gâteau colonial. Sa dette atteint de tels montants que les Européens s'octroient un ministère des Finances parallèle entièrement géré par eux pour faire main basse sur les taxes que rapportent les alcools, les soies, le tabac, le sel et la pêche. Au passage, elles s'offrent aussi les droits de timbre. Et tout cela se retrouve sur les comptes de la Banque ottomane (française) et de la Deutsche Bank. L'entreprise, énorme, emploie neuf mille personnes, a recruté une petite armée privée pour aider ses collecteurs et rend, peu à peu, l'Europe infiniment moins sympathique.

Aucune révolte, cependant, ne brise l'édifice. Les Turcs font contre mauvaise fortune bon cœur. Ils ont la corde autour du cou. Ils ont vu la Tunisie et l'Égypte transformées en protectorat le jour où elles n'ont plus été en mesure de faire face à leurs échéances. De toute manière, s'ils protestent, ils prennent des coups sur les doigts. L'Italie envoie des canonnières sur le Bosphore quand on prétend lui interdire d'avoir, comme les autres, son propre réseau postal à l'intérieur de l'Empire. Du coup, inquiets, les Turcs prennent patience. Et, de fait, ils s'enrichissent. On a dit que la Turquie était constituée de deux provinces : Istanbul et le reste du pays. C'est assez juste et la première, dès 1880, a tout d'une capitale européenne. Éclairage public, tramways, gares internationales, théâtres, hôtels de luxe, restaurants, pâtisseries, immeubles de cinq ou six étages, larges avenues... Rien à voir avec Marrakech, La Mecque ou Bagdad : on est dans une grande ville moderne pleine de banques, de cafés, d'écoles, d'hôpitaux, de pharmacies, de gendarmes et de ministères. L'Empire sombre mais sa capitale, comme d'habitude, demeure pimpante. Des bulbes par-ci, par-là, un peu de céramique, des fenêtres en forme d'ogive et le style haussmannien se rebaptise néo-ottoman. Tous les genres cohabitent, c'est baroque, un peu comme à Vienne où François-Joseph fait alterner opéra français, caserne Renaissance italienne et ministère gothique. On donne des noms aux rues, des ponts sont jetés sur la Corne d'Or, des ribambelles de vapeurs relient les rives les unes aux autres, toute une classe moyenne s'agite en costume-cravate. Le sultan, lui-même, se met à voyager. En 1867, Abdülaziz se rend en visite officielle à Paris à l'occasion de l'Exposition universelle. La Turquie est mourante mais préserve les apparences et se bat pour sa survie. Parfois, ses sursauts inspirent même le respect. En 1855, lors de la guerre de Crimée, alliée à l'Angleterre et à la France, elle inflige une lourde défaite à la Russie. En 1897, elle écrase la Grèce en quelques semaines. Ce ne sont que des barouds d'honneur mais suffisants pour que les grands prennent avec elle des gants qu'ils ne songent pas à enfiler pour se partager l'Afrique ou l'Extrême-Orient. Au fond, elle rêverait d'être le Japon qui, en 1905, anéantit l'armée tsariste. En fait, elle n'est qu'une sorte de Chine musulmane, trop grosse pour être gobée, trop faible pour n'être pas mordue. Cette taille, c'est sa chance. Mais c'est aussi son handicap.

Comment bâtir une démocratie, à l'occidentale, moderne avec le cortège de minorités qui escortent l'Empire ? Les cercles littéraires et politiques ottomans vont buter sur cette question insoluble pendant un siècle. Leurs deux enfants chéris, la charte de Gulhané et la Constitution de 1876, se transforment en progrès mortels. Décréter l'égalité de tous les sujets ottomans sans distinction de religion ou de nationalité est un rêve conforme à la tradition de suzeraineté débonnaire des Turcs et à la conception française de la démocratie. Mais ce qui marche à merveille de Perpignan à Lille et de Brest à Strasbourg ne fonctionne absolument pas de Belgrade à La Mecque. La presse, devenue puissante et influente, contribue au débat mais aussi au désordre. Chaque communauté ethnique et confession-nelle a ses journaux, comme elle a ses écoles – et, surtout, ses aspirations. Et tout le monde s'exprime. C'est fou ce que l'homme malade de l'Europe peut ingurgiter comme potions intellectuelles. Médecins, ingénieurs, fonctionnaires, avocats, militaires, ils ont tous des idées. Mais aucune ne donne la force d'en finir avec le démembrement inéluctable de l'Empire. La question d'Orient, telle l'hydre de la mythologie, ne cesse de relever la tête. Chaque fois qu'on en coupe une nouvelle, c'est un morceau de territoire qui fait sa valise. La fermentation intellectuelle des élites ne résout aucun problème, elle se contente de les exposer au grand jour. Quand des élections libres ont lieu, le désastre est patent : avant d'être ottomans, les députés sont arméniens, macédoniens, grecs, albanais ou arabes. Et beaucoup n'ont qu'une envie : s'affranchir une fois pour toutes de la Sublime Porte. Ce n'est pas un parlement, c'est une mosaïque qui tombe en morceaux. Le sultan a accepté sa création car elle privait les grandes puissances de tout prétexte à leurs interventions : les Macédoniens, les Bulgares et les autres n'auraient plus à appeler la Russie au secours, puisqu'ils pourraient s'exprimer à la tribune. Malheureusement, l'édifice n'est pas stable. Abdülhamid va l'abattre d'un seul coup de pied. En 1878, il suspend la Constitution et s'arroge tous les pouvoirs.

En fait, il n'en a aucun. Sinon celui de faire couler le sang. Depuis deux ans qu'il règne, il y a pris goût. D'abord, avec celui d'Abdülaziz, qu'on avait prié de quitter le pouvoir pour lui céder la place. Plus question, bien entendu, de l'exécuter à l'ancienne sans chichis. Nous sommes au XIXᵉ siècle et, même à Istanbul, on laisse ces bonnes vieilles méthodes à Shakespeare. On a retrouvé simplement son corps inanimé, les veines tranchées, dans sa chambre. Version officielle : suicide. Cela permet de fermer le dossier et de clouer les langues. C'est commode. Surtout quand cela n'interdit pas, cinq ans plus tard, de rouvrir l'enquête et, soudain, de découvrir le coupable. Qui donc ? Midhat Pacha, l'homme fort du gouvernement, l'oreille de Londres dans le Divan, le champion de la Constitution, le grand commis de l'État convaincu que le libéralisme balayera tous les problèmes. Seulement voilà, entre-temps, Abdülhamid, lui, a changé d'avis. Arrivé aux commandes grâce aux réformateurs, il s'aperçoit qu'aucune manette ne répond. Comment répliquer aux massacres anti-musulmans qui secouent régulièrement la Serbie, le Monténégro et la Bulgarie ? Certainement pas en citant Rousseau et Voltaire face au Parlement. Plutôt en s'inspirant des tsars. Abdülhamid choisit donc de purger l'homme malade à grands coups d'autocratie. Première victime : Midhat Pacha, accusé d'avoir monté le complot contre Abdülaziz, exilé en Arabie et étranglé – à l'ancienne, comme dans le bon vieux temps. Mais il va y en avoir beaucoup d'autres. Car Abdülhamid a toujours peur.

Il ne fait confiance à personne, ne s'entoure que d'une toute petite équipe et voit des complots partout. Au cours de ses six premières années de règne, il change seize fois de grand vizir. Sa méfiance ne désarme jamais. Il méprise tout le monde. Ses fidèles, d'abord. Ses adversaires, ensuite. Parfois, au lieu de les envoyer en prison, il leur offre des postes lucratifs. Le plus triste, c'est que le « truc » marche. Des tas d'opposants se retrouvent attachés d'ambassade ou mieux encore – ce qui disqualifie l'opposition mais laisse indifférente l'opinion publique. Une pipe à la main gauche, un café dans la droite, le citoyen ottoman, impassible, reste à l'écoute de ses voluptés et préfère acheter des pâtes d'amande plutôt que les œuvres de Tocqueville. Malgré tout, rien ne rassure jamais Abdülhamid qui passe ses nuits à lire les romans policiers que des fonctionnaires affectés à cette tâche traduisent pour lui. Il quitte Dolmabahçe trop grand, trop ouvert sur les jardins, trop proche du centre-ville. Cloîtré dans son palais de Yildiz, entouré de murailles, il observe la ville et le monde avec le regard du rapace à l'affût. Amateur d'opéra et cultivé, il sait faire du charme à quelques-uns mais c'est exceptionnel. Il y a du Louis XI en lui : il ne se montre pas, il ne dépense rien, il tisse sa toile. Et, soit dit en passant, arrondit sa pelote car, vivant en petit-bourgeois, il amasse néanmoins une fortune énorme confiée à un banquier arménien. Son « bon » Arménien ! Car, pour 'es autres, il les déteste. Pourquoi eux plus que les Grecs ou les Kurdes ? D'abord parce que c'est la minorité la plus prospère de l'Empire solidement installée aux postes clés de l'expansion économique. Ensuite, parce que c'est la minorité la plus cultivée et la plus engagée politiquement, pleine de grands bourgeois prêts au dialogue mais pleine, aussi, de jeunes nihilistes fascinés par leurs homologues russes en guerre contre le tsarisme. Enfin parce que c'est la seule minorité menaçante installée en Anatolie même, au cœur du « Heimat » turc. Les Russes, qui musellent leurs propres Arméniens, caressent ceux du sultan dans le sens du poil. Déjà, ils se sont emparés de la région de Kars et d'Ardahan, sur le rivage turc de la mer Noire. À présent, ils veulent faire main basse sur Trébizonde et Erzurum. Ce projet rend fou Abdülhamid. Qu'on dépèce ville par ville les Balkans, passe encore, il n'y peut rien. Mais pas son Anatolie ! D'où sa haine des séparatistes arméniens. Et, avec eux, inutile de prendre des gants. Puisqu'ils aiment tant les Russes, on va les traiter à la russe. Tout comme le tsar envoie ses cosaques ramener l'ordre chez ses propres minoritaires, le sultan installe sa garde kurde dans l'Est anatolien. Avec une seule recommandation : faites pour le mieux. Naturellement, ils prennent ce feu vert au pied de la lettre et la tension monte. Pour que la bouilloire explose, Abdülhamid aggrave la crise en installant en masse dans les régions arméniennes les réfugiés turcs qui fuient la Bulgarie, la Serbie ou la Russie. Les Arméniens sont à la fois les gens les plus prospères de l'Empire et les plus éprouvés. Ce qui n'affaiblit en rien leur énergie. À Istanbul, ils manifestent devant le siège du gouvernement et, plus insultant encore, s'emparent du siège de la Banque ottomane et prennent en otages les étrangers qui pillent légalement le pays. À l'est, ils maintiennent un état de légère insurrection permanente. Et récoltent ce qu'ils souhaitent : une répression brutale qui frappe les plus pauvres d'entre eux et réjouit secrètement ceux qui croient au succès de la politique du pire. Chacun en est conscient : c'est sans issue. À tel point qu'Abdülhamid lui-même lève le pouce. En juillet 1908, ébranlé par les émeutes qui soulèvent le pays, épouvanté de voir les régiments rejoindre les insurgés, il appelle au gouvernement les « Jeunes Turcs », rétablit la Constitution et organise des élections. Trente ans de dictature n'ont servi à rien. La Turquie continue de sombrer.

Et les Jeunes Turcs n'y peuvent rien non plus. Ils imaginaient qu'une fois qu'ils seraient arrivés aux affaires, leur légitimité et leur énergie allaient sauver l'État. On allait voir ce qu'on allait voir : rationalisme, égalité, jacobisme et efficacité. Ils comptaient supprimer les « millet » (les communautés non musulmanes), créer une nation ottomane démocratique, uniformiser l'enseignement en langue turque... On ne le proclame pas pour ne pas heurter les ulémas mais le modèle français, intégrateur et uniforme, sert de référence. Mauvaise pioche : le nouveau Parlement sombre dans la cacophonie. Oubliez les partis ! Il y a cent cinquante Turcs, soixante Arabes, vingt-sept Albanais, vingt-six Grecs, quatorze Arméniens, dix Slaves et quatre juifs. Comme partout ailleurs, la cohabitation fraternelle entre les peuples se révèle une bonne blague. Toute réforme centralisatrice est bloquée. On avait promis le Japon, on récolte l'Afghanistan. Chaque clan se bat pour sa paroisse. On a beau démettre Abdülhamid et le remplacer par l'insignifiant Mehmet V, c'est la chienlit. Et bientôt, c'est la débâcle. La première guerre balkanique tourne à la curée : Serbes, Grecs et Bulgares écrasent l'armée ottomane. À la fin de 1912, les Turcs ne possèdent plus en Europe que la banlieue d'Istanbul. Dépouillés de leurs vieilles étoffes balkaniques, ils se retrouvent en djellaba à la porte du continent. C'est une honte et un affront à la mémoire de Mehmet II le Conquérant : même Edirne, sa capitale, la ville d'où il avait lancé l'attaque contre Byzance, est perdue. Par miracle, les vainqueurs se haïssent autant qu'ils détestent les Turcs. À peine la paix signée, ils se jettent tous contre la Bulgarie. Mehmet V, après mille tergiversations, regroupe les débris de son armée et l'envoie au front. La seconde guerre balkanique, en 1913, est moins malheureuse. Edirne et la Thrace orientale reviennent dans le giron ottoman. Tout est perdu, fors les symboles. Istanbul s'empresse de signer la paix. Dieu merci, il lui reste l'Arabie, la Syrie et la Palestine. Ou plutôt, disons qu'il les lui reste à perdre. La Première Guerre mondiale va se charger de la besogne. Car il est encore possible à un gouvernement incapable de faire des choix absurdes. Et les Jeunes Turcs, à leur tour, ne vont pas s'en priver. Alors qu'ils jouent depuis des années la carte de l'Angleterre, ils choisissent le camp de l'Allemagne. Pourquoi donc ? Par haine de la Russie. Pas question de se retrouver dans le même camp que les « Moskofs ». Istanbul les connaît trop : « Si l'eau peut se tarir, le Russe, lui, ne s'épuise jamais. »

Concha Méndez
1898-1986

Todo, menos venir para acabarse.
Mejor rayo de luz que nunca cesa;
o gota de agua que se sube al cielo
y se devuelve al mar en las
tormentas.

O ser aire que corra los espacios
en forma de huracán, o brisa fresca.
¡Todo, menos venir para acabarse,
como se acaba, al fin, nuestra
existencia!.

Lluvias enlazadas

Universidad Popular de Alcorcón

SEDES

Centro Municipal de las Artes
Avda de Pablo Iglesias s/n
T. 916648502 · F. 916440598
upacultu@arrakis.es

Virgen de Iciar
Calle Virgen de Iciar, 17
T. 916433900 · F. 916442956
upaiciar@arrakis.es

Los Castillos
Avda de de los Castillos s/n
T. 916426000 · F. 916107722
upacasti@arrakis.es

Bibliotecas Municipales de Alcorcón

SEDES

José Hierro
Centro Municipal de las Artes
Avda de Pablo Iglesias s/n
T. 916648481

Centro
Calle Iglesia, 7
T. 916648107

El Parque
Avda de Leganes, 31
T. 916103000

El Pinar
Calle del Pinar esquina
Calle Ministro Fdez. Ordoñez
T. 916100228

CONSULTAR HORARIOS

e-mail: biblioteca@ayto-alcorcon.es

Ayuntamiento de Alcorcón
Concejalía de Cultura,
Deportes y Participación Ciudadana

INOUÏ : ANKARA, UNE PAYSANNE ANATOLIENNE MAL FAGOTÉE DÉTRÔNE LA VILLE DES VILLES

La dernière période de prospérité pacifique de l'Empire remontait à l'époque napoléonienne. Occupés à lutter contre l'Ogre des Tuileries, les puissances européennes avaient laissé tranquilles les Ottomans. Sélim III, puis Mahmoud II en avaient profité pour moderniser l'État. Chacun se le rappelait. Rien ne profite plus aux Turcs que les scènes de ménage occidentales. Que vont-ils alors faire dans la galère de 14-18 ? Mystère. D'autant que personne n'est venu les chercher. Français et Anglais les supplient de se tenir à l'écart. Quant aux Autrichiens, quand ils apprennent qu'Istanbul se range à leurs côtés, ils croient d'abord à une erreur du télégraphe. Mais il n'y a pas de faute de frappe. Seulement une folie. Après un siècle de décomposition lente, la Sublime Porte se jette dans le vide. Et, à l'arrivée, elle s'écrase au sol !

Les combats, pourtant, ne se sont pas mal déroulés. À l'est, après de premières lourdes défaites, le front s'est stabilisé puis, le régime tsariste s'effondrant, les victoires se sont enchaînées. À la fin de 1918, les Turcs stationnent en Azerbaïdjan, la main posée sur les puits de pétrole de Bakou. Au sud, la légende du colonel Lawrence est lancée au galop mais la réalité, elle, piétine : les Ottomans reculent mais infligent de sévères défaites

163

aux Anglais et, à Kut el-Amara, en 1916, Londres a perdu ses régiments (tués) et ses généraux (faits prisonniers). À l'ouest, enfin, des victoires éclatantes ont rendu leur lustre aux armes ottomanes ; les Dardanelles restent la pire défaite britannique de la guerre : deux cent mille morts ! Sans compter les quarante mille Français tués dans l'opération. Lancés sur des chemins muletiers impraticables, emprisonnés dans des maquis envahis de ronces, ravagés par la dysenterie, des régiments entiers de Néo-Zélandais et d'Australiens se sont désagrégés devant Galli-poli. À l'automne 1918, la défaite finale des empires centraux ne provient pas des Turcs. Cela dit, une fois consommée, elle s'abat sur eux comme un bloc de béton sur un ballot de paille ! Signé sur un cuirassé de la Royal Navy dans la rade de Moudros, l'armistice porte un coup de poignard en plein cœur de l'Empire. Cette fois-ci, tout est perdu, absolument tout.

La France et l'Angleterre se partagent les provinces arabes. Les Italiens s'octroient la côte anatolienne face à Rhodes. Les Arméniens se taillent un État majestueux de Trébizonde, sur la mer Noire, à Adana, sur la Méditerranée. Les Kurdes reçoivent enfin une terre au nord de Mossoul. Et, affront des affronts, les Grecs récupèrent Smyrne et toute la somptueuse Anatolie occi-dentale qui fait face aux îles de la mer Égée. Que reste-t-il au sultan ? Istanbul, l'Anatolie centrale et toutes les larmes de son cœur. Quoi d'autre ? Rien ! Le pays est mort. Et, pire que tout, personne ne pleure sur lui. Au contraire, on le maudit. En 1915, face à l'avance des troupes tsaristes, on a « évacué » les popula-tions civiles. Officiellement pour les mettre à l'abri. L'opération a tourné au massacre : pillages, meurtres, viols, tortures et, sans cesse, des marches épuisantes. Entre cinq cent mille et un million d'Arméniens ont trouvé la mort. Pour cette vieille nation chré-tienne, c'est le Golgotha. Les rares témoins occidentaux ont été horrifiés. Maintenant, on compte présenter la note. Après un tel crime de lèse-civilisation, elle s'annonce salée. Istanbul s'attend au pire. Les négociations sont un cauchemar. Toutes les déléga-tions sont reçues, de la kurde à l'assyro-chaldéenne, sauf la sienne. La ville retient son souffle. C'est une cité fantôme.

Le typhus et la grippe espagnole rôdent dans les rues. Ils sont les seuls. Tout le monde se terre chez soi. Les bombardements de l'aviation alliée n'ont pas tué grand monde pendant le dernier été, mais le froid et la famine exercent des ravages pendant le premier hiver de la paix. Cent mille personnes meurent en quelques semaines. Les avenues sont vides. L'eau du port semble celle d'un lac endormi. Le sucre devient aussi précieux que le jade, le pétrole se paie au prix du cognac, on s'éclaire avec un mélange de vieille huile et d'urine, on se nourrit d'orge et de maïs, on se partage une salade. Bientôt le marché noir fait la loi. Et, avec lui, plastronnent les profiteurs et les collabos. Rien ne ressemble plus au Berlin décadent de la République de Weimar que l'Istanbul du dernier sultan. La prostitution s'étale. Et les cent cinquante mille réfugiés russes qui ont échappé à la fureur bolchevique aggravent encore le désarroi général. À Paris, les anciens cadets de la garde sont chauffeurs de taxi. Sur la Corne d'Or les duchesses en cavale ouvrent des restaurants et des tripots. La ville qui ressemblait à Paris, à Venise, au Caire et à tous les rêves se transforme en un chaos sans mesure où des familles survivent dans des cartons d'emballage à portée de musique des orchestres qui jouent pour les fêtards soupant au champagne sur les bords du Grand Canal du Bosphore. Pendant que l'Empire agonise, on danse le fox-trot à la *Perle Noire*. C'est la fin d'un monde. Le peuple pleure.

Certains, cependant, rêvent. Qui donc ? Mais les Grecs, bien sûr ! Ils sont deux cent mille dans la ville. D'un quartier à l'autre, on dénombre cent quatre-vingts églises orthodoxes. Pour eux, la parenthèse Istanbul se referme. On va rouvrir les portes de Constantinople. Charmante attention française : quand le général Franchet d'Esperey, le chef de l'armée d'Orient, acclamé par les chrétiens, mène le défilé de la victoire jusqu'à Sainte-Sophie, il monte un superbe cheval blanc – exactement comme Mehmet II en 1453, à la chute de Byzance. Tout le monde comprend le message : les rêves de Grande Grèce sont de retour. Ici, bientôt, Athènes dictera à nouveau sa loi. Ses soldats, en attendant, imposent la leur en véritables coyotes attentifs à l'agonie de leur proie. Méprisants, ils interdisent l'entrée du *Yacht Club* et des cercles élégants aux Turcs. Hargneux, ils infligent des amendes aux passants qui ne soulèvent pas leur fez devant les drapeaux bleu et blanc qui pendent à chaque balcon. Ils se disent chez eux mais se comportent en pays conquis. La haine des Turcs atteint des proportions inimaginables, l'exaspération des Français et des Anglais n'est pas moindre face à ces provocations. Seul le sultan affiche son calme. Pauvre pantin impuissant, il essaye de calmer tout le monde et imagine défendre la Turquie avec des conciliabules, des prières, des promesses et de l'indulgence. Ce pauvre survivant parle encore de mandat, de protectorat, de concessions, de privilèges... Il se croit toujours au temps de Bismarck et des canonnières. Affûts pointés vers son palais, les soixante navires de guerre alliés mouillant dans le port l'entretiennent dans cette pauvre opinion. En fait, il étale son impuissance au grand jour. Et le résultat, enfin, saute aux yeux de tous : le 10 août 1920, le traité de Sèvres consacre la débâcle totale. Clemenceau et Lloyd George ont écrasé six siècles de grandeur ottomane comme une babiole en porcelaine. Débarrassé de ses vieilles étoffes, l'homme malade n'est plus qu'un squelette. Privée du Kurdistan, de la Thrace, de la région de Smyrne et de toute la partie arabe de l'Empire, la Turquie se résume désormais à un morceau caillouteux d'Anatolie coincé entre une Grèce digne d'Alexandre et une Arménie immense comme aucun rêve (ni aucun cauchemar) n'avait jamais osé l'imaginer. On ne laisse au sultan qu'un grand-duché d'opérette qu'il pourra « tenir » avec sa garde personnelle de mousquetaires chamarrés. À Istanbul, la foule est saisie d'horreur. Les gens hurlent de désespoir dans la rue. De riches bourgeoises ottomanes sortent du grenier des étoffes noires pour s'afficher en grand deuil. Tous les journaux sortent des éditions spéciales bordées de noir comme des faire-part. La capitale de Soliman le Magnifique se voit brutalement répudiée par l'Histoire. Le choc l'anéantit.

Heureusement pour la Turquie, l'Anatolie, elle, se rebelle. Elle s'est trouvée un chef. Son nom : Mustafa Kemal. Le vainqueur des Dardanelles, c'est lui. Ensuite, en Palestine, il a mené le redoutable corps d'armée Yildirim – en turc : la foudre. Dans le pays profond, il a le prestige de Pétain, de Foch, d'Hindenburg et de Ludendorff. Et, miracle, il a le physique qui convient à ce rôle d'envergure. Oubliez les pachas arrondis à grosses moustaches qu'on hisse à la grue sur leurs chevaux les jours de revue. Mince, solitaire, élégant, calme, il a l'air réservé d'un dandy et l'œil glacial d'un expert-comptable. Rien d'oriental chez lui, ni d'exotique. Rien de familier, non plus. Il ne fait *a priori* confiance à personne. Quand un notable proche de ses rivaux le rejoindra en pleine traversée du désert, il lui demandera de saisir une lampe brûlante à pleines mains pour tester sa loyauté. C'est un homme de fer. Son côté prussien fait froid dans le dos. S'il y a une couleur pour le définir, c'est le gris, celui des rails, des fusils, des machines à écrire et des télégraphes. Mais aussi celui du légendaire loup gris qui, dans les temps immémoriaux, a mené les Turcs d'Asie centrale jusqu'en Anatolie. Et, justement, il a quitté Istanbul. Quand ça ? Au lendemain de l'occupation par les Grecs de Smyrne, le grand port turc de la mer Égée. Un affront absolu à l'orgueil des Ottomans. On leur avait déjà tout pris et ils l'acceptaient. Mais Smyrne, non ! C'est leur Alsace-Lorraine. Et la gaffe monumentale des Alliés : jamais les Turcs ne laisseront cette perle aux Grecs en jupettes bouffantes qu'ils n'ont cessé d'écraser depuis cinq siècles. Au lendemain de ce pillage, à Istanbul, des milliers de femmes ont arboré un carré d'étoffe noire sur leurs vêtements avec ces mots : « Izmir est notre cœur. » Mustafa Kemal, lui, a quitté la Cour où il était aide de camp du sultan. Par la mer, il a gagné l'Anatolie. Depuis, installé à Ankara, il regroupe ses forces.

À première vue, ce n'est pas grand-chose. On est loin de Dolmabahçe et des fastes du protocole impérial. Ici, c'est le bled. En cinq minutes, on replonge cinq siècles en arrière. Aucun hôtel, aucune pension de famille, pas de restaurant. Le corps diplomatique est logé dans un wagon sur une voie désaffectée d'une gare perdue sous un soleil écrasant. Oublié les soirées au whisky sur les terrasses de marbre parcourues par les courants d'air du Bosphore. Où que l'œil se pose, il n'aperçoit que des herbes rares, des cailloux, des moutons à queue grasse et des vaches efflanquées. Un petit minaret disgracié, des rues en terre battue, quelques maisons en dur et, partout, de la poussière. Ne comptez pas vous acheter une chemise de rechange ou une bouillotte pour les nuits glaciales sous la tente. Le mot magasin, ici, ne veut rien dire. Quand on vous propose un yaourt ou une vieille couverture issue des stocks militaires, c'est déjà bien beau. Un banquet, c'est quelques brochettes, rien de plus, autour d'une table branlante et sur des chaises dépareillées. Arrosé d'eau ! Et les voitures... Il n'y en a qu'une : celle de Kemal. Les autres partent pour le front. Les dignitaires n'ont qu'à marcher comme tout le monde. Au mieux, ils se cotisent pour louer un char à bœufs. Les privilégiés ont des phaétons. On les envie. Soudain, les paysans, éternels chevaux de labour de la grandeur militaire, font des jaloux. Eux, au moins, sont en terrain connu. Mais qu'importe ! On est au fin fond de la steppe, loin d'Istanbul et des douces collines arrondies comme des ventres de pacha qui descendent sans à-coups vers le rivage, mais tout l'Empire afflue. De petits ruisseaux en petits ruisseaux, un lac immense se forme. La Turquie s'apprête à ressusciter. Le Parlement siège dans une sorte de hangar. Les élèves des environs ont été réquisitionnés pour les travaux de secrétariat. On se croirait à Paris en 1792. C'est la patrie en danger. On ne possède rien, sinon la rage de vaincre. Par miracle, pour coordonner ces élans brouillons, il y a une machine : Atatürk.

Des nuits entières, il palabre avec les uns et avec les autres. Personne ne doit s'éloigner. Il les retient tous. Et il les plie à sa volonté. Quand l'énergie faiblit, il monte à la tribune. Et il parle. Sans fin. Ses discours peuvent durer dix, douze, vingt heures... À l'arrivée, il l'emporte toujours. Sa coalition de bric et de broc ne se dissout pas : monarchistes, religieux, militaires, communistes, socialistes, bourgeois, journalistes... Il n'en lâche aucun et, un jour, enfin, l'argent arrive. D'où ? Mais de Moscou.

Ceux-là aussi, Kemal les a mis dans sa poche. Les bolcheviques ont désespérément besoin d'alliés. Au sud, les Français et les Anglais occupent la Crimée. À l'ouest, la Pologne attaque. Partout, les armées tsaristes se battent. L'amitié pour l'Arménie ne pèse pas lourd face à l'alliance que promet Mustafa Kemal. Dès mars 1921, un traité d'amitié et de fraternité est signé. Et la carotte arrive juste après : des caisses d'or, des médicaments, des munitions, des armes... La bataille peut reprendre. Kemal a même des avions. Et ils bombardent. À moins de cent kilomètres d'Istanbul !

Seulement voilà : les Français et les Anglais en ont assez. De la Somme à Verdun, ils ont assez donné. Plus question de se lancer dans de grandes campagnes militaires. S'il s'agit de simples opérations de police, passe encore. Mais des batailles en ligne, *basta*. Et ne prononcez plus le mot « tranchée », il provoque des nausées à Paris et à Londres. On ne va pas mourir pour la Grèce. D'autant que Mustafa Kemal n'a pas tort : pourquoi le droit des peuples à disposer d'eux-mêmes s'appliquerait-il à tout le monde sauf aux Turcs ? Au fond, ces Kurdes, qui les connaît ? Et ces Arméniens n'étaient-ils pas la cinquième colonne des visées expansionnistes russes ? Les choses ne sont pas si simples. Il est urgent de ne pas se fâcher avec ces nouveaux Ottomans. Surtout ne pas susciter une grande alliance entre communistes et musulmans. Il ne manquerait plus qu'un nouveau front vert-rouge. On a plus qu'une envie : faire la fête. Vaux et Douaumont, on a déjà donné. Désormais, cap sur le *Bœuf sur le Toit*. Patience.

Voilà justement le mot que ne veut plus entendre Constantin, le roi des Grecs. Lui, il est pressé. Du coup, il passe à l'offensive en juin 1922. Au nord, ses troupes débarquent à Inebolu sur la mer Noire et ouvrent un deuxième front. Au centre, elles marchent sur Ankara. Et les villes tombent une à une comme des dominos. Coup du sort : une semaine plus tôt, Mustafa Kemal s'est cassé une côte en tombant de cheval. Au quartier général, pendant toute la bataille, il reste assis, immobile. Ses fidèles y voient un mauvais présage. Pas lui. Il y lit un signe d'Allah : « Ici, un de mes os s'est brisé. C'est ici que l'ennemi le sera à son tour. » Retranchées derrière la rivière Sakarya, ses troupes attendent. Et tiennent. La bataille va durer vingt-deux jours et vingt-deux nuits. Et coûter quarante mille hommes à la Grèce. Qui, soudain, s'effondre. Plus de munitions, plus de renfort, plus de moral et, en revanche, de plus en plus de déserteurs. C'est la débandade. Un gibier aux abois se rabat sur Smyrne. À Dumlupinar, où ils tentent de dresser une dernière ligne de défense, leur commandant en chef tombe entre les mains turques. Le 9 septembre 1922, Mustafa Kemal entre à Izmir. Il a gagné la guerre. La Turquie entière lui appartient. Sauf Istanbul.

Mais là, pas de panique. Constantin a abdiqué, et les Français et les Anglais veulent partir. Seul reste le sultan. Pauvre Mehmet VI. C'est Louis XVI. Il a appelé les forces de l'étranger. Un mépris universel l'accable. Le 19 novembre, il s'enfuit. Un an plus tard, la République sera proclamée. D'ici-là, plus urgent, on va signer un vrai traité de paix. Celui de Sèvres passe à la poubelle. On se retrouve à Lausanne et la Turquie, unie et indivisible, réintègre la communauté des nations. Des centaines de milliers de Grecs abandonnent le pays. Nul ne les pleure. Istanbul fait la fête jour et nuit. Jusqu'au fatal 13 octobre 1923. Ce jour-là, le premier vote de la nouvelle assemblée décrète à l'unanimité le transfert de la capitale à Ankara. Dont Mustafa Kemal annonce qu'il va faire la plus belle ville de la terre.

Pour Istanbul, c'est la fin du monde. Elle n'est plus l'âme de l'Empire ottoman. Il va lui falloir des années pour digérer la nouvelle. Mais elle demeure la cité la plus grandiose de la Méditerranée. Et cette réalité fait peu à peu son chemin dans les esprits. Puisqu'elle est la plus belle ville du continent, comment pourrait-elle ne plus faire partie de son destin ? Un nouveau rêve, alors, va l'animer : retrouver son rang chez elle, en Europe. C'est sa bataille actuelle. Et les batailles, Istanbul finit toujours par les remporter.

CONCLUSION

Peut-on imaginer l'Europe sans Constantinople ? Bien sûr que non. Sans elle, il n'y aurait même pas eu d'Europe. Mais peut-on l'imaginer sans Istanbul ? Non plus, et pour plusieurs raisons.

D'abord, il faut cesser de considérer que l'Europe se résume à la France et à l'Allemagne. Le continent ne s'arrête pas à Paris et Berlin. Ni à Rome, Madrid et Londres. En Europe, il y a la Serbie, la Bulgarie, la Grèce, la Bosnie, la Roumanie ou la Hongrie qui, pendant quinze siècles, ont vu leur sort réglé sur les rives du Bosphore. Les souverains régnant là ont eu autorité sur des dizaines de millions d'Européens depuis beaucoup plus longtemps que ceux installés à « Sans Souci », à l'Escurial ou à Windsor. Et il ne faudrait pas oublier la Pologne ou l'Ukraine qui n'ont longtemps échappé à l'ours russe que grâce à la vigilance de la Sublime Porte. À l'époque, l'armée des sultans faisait peur mais leur art de vivre fascinait. Ce ne sont pas les habitants de l'Empire ottoman qui se réfugiaient chez nous ; ce sont les juifs de nos nations qui s'installaient chez eux. Que le massacre des Arméniens pendant la Première Guerre mondiale demeure une tache indélébile sur le passé turc, cela va de soi. Mais l'Allemagne d'Auschwitz est membre fondateur de la Communauté européenne. Et la France, en Algérie, entre 1954 et 1962, a tué

171

environ quatre cent mille civils. Si les grandes nations commettent de grands crimes, leurs atrocités passées ne sont pas des sacrilèges qui retombent sur la tête des enfants. Les Turcs de 2004 ne sont pas plus coupables des infamies de 1915 que les Italiens contemporains des massacres de Mussolini en Abyssinie. Toutes ces horreurs font partie de l'héritage du continent dont de Gaulle disait qu'il va de l'Atlantique à l'Oural. L'Oural ! À l'est des frontières orientales de la Turquie. Mais au nord de la Méditerranée. Car c'est ça l'Europe : tous les États au nord de la Méditerranée ! Jusqu'aux Lapons ou aux Islandais qui ne se sont jamais mêlés d'aucune de nos affaires mais dont, inexplicablement, personne ne met en question leur familiarité avec nous.

Inexplicablement ? Non, bien sûr. Car peu importe que l'histoire et la géographie les excluent, eux. La religion les absout. Alors qu'elle excommunie la Turquie ! Jacques Chirac l'a, un jour, observé : « Vous dites soixante millions de musulmans turcs mais vous ne parlez pas de soixante millions de chrétiens français. » Malheureusement cet ostracisme sacerdotal sert de fonds de commerce à la démagogie politique. On veut faire de Ben Laden le calife des califes de tous les musulmans. Comme s'il existait une nation islamique ! Comme si un même cœur battait chez le cordonnier pakistanais, la broker turque, le pêcheur tunisien et l'hôtelier de Marrakech. C'est aussi absurde que d'imaginer un inconscient chrétien identique chez un moniteur de ski de Zermatt, un journaliste de *News of the World* et une vendeuse de bars sur le marché de l'Île-aux-Moines. Il n'y a pas les chrétiens et les musulmans. Il y a les intégristes d'un côté et les tenants d'un pouvoir séculier de l'autre. Si on en doutait, la querelle du voile l'aurait rappelé à ceux qui, en France, l'auraient oublié. Évêques catholiques, rabbins et clergé musulman se sont retrouvés main dans la main pour prendre leurs distances avec la République décidée à rappeler que notre pacte citoyen passe par la laïcité de l'État. Inutile de dire que, demain, ces tensions ne se limiteront pas à Paris. Bruxelles sera fatalement confrontée à des crises politiques ou sociales camouflées sous le voile de Dieu. L'Histoire ne tire jamais de leçons du passé, elle le répète. Alors les expériences de Byzance et d'Istanbul n'auront pas de prix. L'incohérence des basileus face à leurs perpétuels mélodrames dogmatiques et la sagesse des sultans face à l'inextricable pandémonium de leurs peuples seront une source précieuse d'enseignements. Pourquoi se priver des lumières et des mises en garde de ceux qui ont le mieux connu les crises qui nous attendent inévitablement. La laïcité turque sera l'alliée naturelle de la République française. Et son islam réconcilié avec la démocratie sera la preuve qu'on peut aimer Voltaire et respecter les églises ou les mosquées. Pour beaucoup, ce fut d'emblée une évidence. Entre 1949 et 1954, lorsque le Conseil de l'Europe mit à l'étude la conception du drapeau de la Communauté, il allait de soi que la Turquie en ferait partie. Nous étions avant la guerre d'Algérie, la crise de Suez et le réveil du nationalisme palestinien. Plusieurs des propositions plaçaient le croissant turc dans la bannière et le projet de Salvador De Madariaga, disposant des étoiles à la place de chaque capitale, y incluait Ankara. Le terrorisme proche-oriental puis l'apparition d'Al-Qaïda ont changé la donne psychologique. Cependant, si un choc des civilisations doit avoir lieu, ne fondons pas l'Europe sur des critères religieux. Ce serait préméditer son assassinat. On ne bâtit pas un rêve sur des quotas. Alimentons-le, en revanche, avec notre culture. Or, où est-elle née ? En Turquie.

La Grèce, c'était bien plus que la Grèce. C'était toute l'Asie Mineure. Les Troyens d'Homère, l'or de Crésus, les théâtres de Pergame, les fastes d'Éphèse, les tournées apostoliques de saint Paul... En Turquie, l'Europe bute à chaque pas sur les traces d'Ulysse, de Jason, de César et du Christ. Sur notre passé, en somme ! Nous sommes nés là ! Et c'est là qu'ensuite, les souverains byzantins ont marié Rome et Jérusalem pour bâtir le droit moderne des États chrétiens. Appartenir à une communauté politique, ce n'est pas se bercer de mots et honorer des valeurs démocratiques abstraites. C'est prendre conscience d'avoir constitué ensemble un patrimoine intellectuel et moral. En l'oubliant, le chauvinisme, l'esprit de chapelle et le provincialisme opportuniste de notre classe politique mènent la mondialisation à la guerre économique alors qu'elle devrait permettre l'épanouissement d'une identité culturelle collective. Pour mieux effacer ce passé, des ministres au couteau entre les dents présentent l'Empire ottoman comme l'ennemi de l'Europe alors qu'il fut l'allié d'innombrables souverains européens – et, d'abord, des basileus byzantins avec lesquels ils nouèrent même des alliances matrimoniales.

Ce livre a voulu rappeler quelques-uns de ces souvenirs qui dérangent car ils se révèlent bien plus complexes et divers qu'on ne se le rappelle. En l'écrivant, j'ai voulu fournir des arguments à ceux qui trouvent exaltant le retour de Constantinople au sein de sa communauté. Sans mépriser la boulimie avec laquelle le Parlement turc ingurgite modifications législatives et réformes constitutionnelles pour séduire Bruxelles, j'ai préféré parler de son passé. Et montrer que c'est le nôtre. Mais le plus triste, c'est que cela ne servira sans doute à rien. On ne nous consultera pas. Car les démagogues incultes qui nous gouvernent ont un ultime défaut : ils nous méprisent.

ANNEXE 1
QUELQUES PROMENADES
AUTOUR DU BOSPHORE

I. Sur les traces des basileus byzantins

Sainte-Sophie : attention ! la Merveille des merveilles de la Ville des villes déçoit au premier coup d'œil tant elle semble lourde. C'est qu'elle a été soumise à des dizaines de tremblements de terre. Sa grâce originelle n'y a pas survécu. On n'a cessé de la lester de contreforts et de bas-côtés pour renforcer sa stabilité. D'où la stupeur, une fois franchie cette entrée de forteresse, de pénétrer dans la plus céleste et la plus vaste des coupoles. Depuis son inauguration par Justinien en 537, jusqu'à la construction de Saint-Pierre de Rome, mille ans plus tard, elle resta le plus grand sanctuaire de la chrétienté. Et le plus léger.

Pénétrez dans la monumentale nef centrale par la porte Royale qu'empruntait le cortège impérial et que surmonte une superbe mosaïque du Christ en majesté. Et là, rêvez ! Du dôme immense où vos pensées vont s'élever descend la lumière du ciel filtrée par 40 fenêtres. Les murs et les sols demeurent habillés de marbres polychromes somptueux mais les guerres civiles byzantines entre partisans et adversaires des icônes, puis la transformation de Sainte-Sophie en mosquée, ont presque anéanti la splendeur des mosaïques que le monde entier admirait. Si celle du Christ pantocrator placée au zénith de la coupole a disparu, il en demeure néanmoins assez disséminées dans le sanctuaire pour admirer leur raffinement. Reste ensuite à imaginer qu'il y en avait partout. Sainte-Sophie à l'heure de la gloire des empereurs macédoniens scintillait comme un soleil. Des milliers de bougies faisaient trembler des océans de dorures.

Musée des Mosaïques : situé derrière la mosquée Bleue, c'est la dernière trace du palais impérial des grands souverains byzantins. Les bâtiments ont disparu mais reste l'âme de la ville d'alors : ses plus anciennes mosaïques. Non pas les chrétiennes aux tons dorés mais les antiques, pâles et pleines de scènes de chasse, de jeux d'enfants ou de compositions florales. Là, soudain, on prend conscience que la gloire des Grecs byzantins fut pavée par les Romains de Constantinople.

La citerne basilique de Yerebatan : à Constantinople, même en plein été, sous un soleil de fournaise, l'eau coulait partout. À chaque carrefour, des fontaines la déversaient. Plusieurs citernes gigantesques les alimentaient et jamais aucun des longs sièges de la ville ne les a assoiffées. Reliés au fameux aqueduc de Valens, ces réservoirs inépuisables ressemblaient à de véritables palais engloutis. Celui de Yerebatan, immense forêt de 336 colonnes hautes de 8 mètres, semble issu d'un conte fantastique. Fasciné, le cinéma moderne y a d'ailleurs tourné une scène d'un film de James Bond : *Bons baisers de Russie*. Aujourd'hui, on s'y promène sur de minces passerelles au son de la musique classique. Tout à coup, on quitte une cité pleine de bruit et d'odeurs, pour plonger hors du temps. Un lac magique.

Les remparts de Théodose : de 413 à 422, toute la ville se mit au travail pour bâtir la plus infranchissable muraille du Moyen Âge. De génération en génération, on ne cessa de la fortifier. De la mer de Marmara à la Corne d'Or se succèdent un mur haut de 11 mètres et large de 5, des tours carrées ou octogonales imprenables, des fossés, des douves, des escarpes et des contrescarpes. Des Huns aux Mongols, tous renoncèrent à les franchir. Mais cette citadelle est aussi un palais dont les façades alternent strates de briques rouges et paliers de pierres blanches. Aujourd'hui, à ses pieds, se succèdent jardins publics, cimetières, terrains vagues, potagers et parkings sauvages. À son extrémité, là où la ligne de défense rejoignait les remparts maritimes de Marmara, s'élève le sinistre **château des Sept Tours** où Osman II fut massacré et où croupissaient sans fin les maudits de l'Empire. C'était l'équivalent ottoman de la Tour de Londres, de la Bastille ou des Plombs de Venise. On le visite comme on se promène au château d'If, en parlant à voix basse par respect pour tous ceux qui vécurent ici un martyre. Du sommet des remparts, on peut admirer la vieille Istanbul que les bannis du sérail devaient ne plus jamais voir. À l'autre extrémité, celle de la Corne d'Or, se dressent les restes du **palais des Blachernes.** Reconstruit par les empereurs Comnène qui voulaient s'éloigner du tumulte (et des émeutes) du centre-ville, il incarnait le faste, l'élégance et la douceur de vivre de la haute noblesse byzantine. Aujourd'hui, il en reste surtout les fortifications : une prison et la tour d'Isaac Ange, l'empereur qui trahit la ville et dut la céder aux croisés. Mais on peut mieux apprécier le raffinement architectural des bâtiments civils impériaux dans le tout proche **palais de Constantin VII Porphyrogénète**. Empereur de 913 à 959, il ne régna pratiquement jamais, laissant les rênes du gouvernement à sa mère, puis à son beau-père, à ses demi-frères et, finalement, à sa femme. Mais ses goûts profonds correspondaient à merveille avec ceux de sa ville qui l'adorait : littérature, poésie et théologie. En plein âge d'or byzantin, il se fit bâtir une résidence à l'écart du palais impérial et de ses intrigues. Tout lui ressemblait tant tout était raffiné. La façade percée de baies, les cintres sculptés, le revêtement en mosaïque bicolore de briques, les bandeaux finement ciselés séparant les étages. On imagine, passant sous les arcades de cour en cour, une assemblée de lettrés magnifiquement vêtus. Et on voit où Venise a puisé l'inspiration de son propre style.

Saint-Sauveur-in-Chora : toujours dans ce même quartier alors excentré (c'est pourquoi on l'appelle in-chora, c'est-à-dire à l'extérieur) se dresse l'ultime merveille de l'art religieux byzantin. Là, comme dans une grotte scintillante, on assiste au spectacle de cette foi mystique parfumée d'encens, éclairée d'or et enjolivée de dessins. La prolifération des icônes montre la religion grecque sous son visage le plus chaleureux : une affaire de famille pleine d'oncles et de tantes, de patriarches et d'apôtres, de saints et d'empereurs. Une cohue bon enfant tapisse les murs. On se sent protégé, entre soi, et l'âme s'envole, exaltée par la beauté du sanctuaire. On se croirait parfois en Italie à l'aube de la Renaissance face aux fresques de Giotto. La vie du Christ, celle de la Vierge, l'histoire des tribus d'Israël, on assiste à un interminable film à épisodes, naïf, pur et bouleversant de simplicité radieuse. S'il n'y a qu'une église byzantine à visiter dans le monde, c'est elle.

La tour de Galata : bâti en 1349, face au palais impérial de l'autre côté de la Corne d'Or, le donjon cylindrique était une écharde plantée au cœur de l'orgueil des basileus. Citadelle surmontant l'enceinte fortifiée bâtie par les Génois, la tour de Galata incarnait l'arrogance des marchands italiens et le déclin du pouvoir impérial qui laissait commercer ses rivaux jusque dans sa capitale. Haute de 68 mètres et située sur la colline de Kurakoy, elle offre de sa galerie supérieure un panorama exceptionnel à 360° sur toute la ville. Une visite incontournable.

II. Sur les pas des sultans ottomans

Topkapi : c'est le sérail, le cœur de l'Empire. De Mehmet II (1451-1481) à Mahmud II (1808-1839), chaque souverain va apporter sa touche à la résidence. Plus qu'un palais à l'occidentale, c'est une ville, succession de pavillons, de jardins, de terrasses, de bureaux, de kiosques ou d'écuries... **La première des quatre cours** est un immense jardin plein d'arbres séculaires assurant un ombrage précieux pendant l'été. Près de la billet-terie, ne pas manquer **le billot et la fontaine du bourreau** où ce dernier exécutait les grands tombés en disgrâce avant d'aller se rincer. Détail appétissant pour visiteur féru de boucherie : dans les niches de la porte impériale, on peut encore voir les clous où étaient suspendues les têtes des infortunés.

Dans la deuxième cour se font face les services de l'inten-dance et ceux du gouvernement. Parmi les premiers, **les cuisines**, gigantesques, préparaient chaque jour les repas des dix mille personnes résidant ou travaillant au sérail. Construites par Sinan lui-même et coiffées de casques en forme d'égouttoirs renversés, elles abritent aujourd'hui une collection unique de porcelaines chinoises, persanes, françaises, russes et autri-chiennes. Argenterie, cristaux, cuivres et verreries font aussi les délices des amateurs. La taille de certaines casseroles et des marmites laisse rêveur.

À l'autre extrémité du parc, protégé du soleil par une délicate gloriette aux minces piliers métalliques, se trouve le **Divan**. C'est la salle du Conseil des ministres où le grand vizir ainsi que les chefs militaires et civils décidaient de la marche du monde. Ici, dans cette pièce exquise, confortablement assis dans le divan qui fait le tour de la pièce, les bras droits du sultan décidaient la conquête de la Crète, l'anéantissement des Serbes, le siège de Vienne... Bien avant le temps du rideau de fer, c'est derrière un mur de soie que s'est joué pendant des siècles le sort de l'Europe orientale. Perçant le mur sous le plafond, une grille aux ornements baroques permettait au souverain, s'il le souhaitait, d'assister incognito aux délibéra-tions de son gouvernement.

À partir de **la troisième cour**, on pénètre dans la partie du palais strictement réservée au sultan, à ses intimes et à leurs domestiques. Plus de soldats, de janissaires ou de hauts fonc-tionnaires, l'ordre était assuré par les eunuques blancs. Tout proche de l'entrée, le **pavillon des Audiences** abritait les céré-monies protocolaires où le sultan, en majesté sur son trône à baldaquin, recevait ambassadeurs étrangers et délégations officielles. Ahmet III, contemporain de Louis XV et le plus raffiné des sultans, le dernier souverain profitant sans anxiété de la toute-puissance de l'Empire, passionné de tulipes et de culture, fit bâtir sa **bibliothèque** : un écrin de marbre blanc pour des milliers de manuscrits turcs, arabes et persans. Mais la merveille de cette cour est, bien sûr, le **Trésor**. Des trônes, des vêtements de cérémonie, des armures, des cimeterres et des poignards, des services de table et des lits en argent massif mais, surtout, des bijoux inouïs et la plus faramineuse collection d'émeraudes (le vert est la couleur de l'islam) de l'Histoire. Enfin, merveille des merveilles, la **salle des Reliques** conserve pieusement les biens ayant appartenu à Mahomet : son manteau, sa bannière, ses épées, ses sandales et jusqu'à la poussière recueillie dans sa maison. **La quatrième cour** introduit au saint des saints, dans le havre de la douceur de vivre ottomane, une succession de cours, de jardins et de terrasses où le sultan, dominant la mer de Marmara, le Bosphore et la Corne d'Or, vivait heureux comme Dieu sur terre. Le **jardin des Tulipes**, le **kiosque d'Erevan** et **celui de Badgad**, érigés à la chute de ces villes, le **pavillon de la Circoncision**... Où que les pas mènent, on se croit dans le décor d'un conte des *Mille et Une Nuits*. Ce qui conduit, logiquement, au **harem**, sur le territoire interdit des eunuques noirs, généralement sélectionnés en fonction de leur laideur afin de ne pas alimenter de démangeaison sentimentale chez les cloîtrées placées sous leur garde. Salle des gardes, couloir des servantes, cour des odalisques, appartements de la sultane mère, salons du sultan, oratoires religieux, résidence des favorites, salles de bains, vestiaires, salles de massage, fontaines aux ruissellements propices à la discrétion des murmures amoureux... La cité des femmes est une véritable ville. On se croit dans la Bibliothèque rose alors qu'on nage en pleine Série noire car c'est ici, dès le XVIIIᵉ siècle, que se nouèrent sans cesse les intrigues lamentables qui menèrent à la décomposition de la grandeur ottomane.

Le Grand Bazar : c'étaient les Galeries Lafayette de la Renaissance. Un décor somptueux, des mails commerciaux en enfilade, des armées d'esclaves pour porter les paquets, servir le thé, effectuer les livraisons. Tous les trésors de l'Asie centrale et de la Méditerranée échouaient dans ces allées ornées comme des salons et couvertes de tapis. La joaillerie et la librairie, l'ébénisterie et la couture, la sellerie et le vêtement, la botterie et la cristallerie, tous les artisanats de luxe tenaient boutique dans l'entrepôt le plus luxueux de la terre. La promenade reste très excitante. Et très rentable. Soudain, en toute impunité, on se retrouve au centre universel de la contrefaçon. Demandez les produits que vous voulez dans la marque de vos rêves, ils sont tous là.

Le bazar égyptien : le marché aux fleurs et celui des animaux, les boutiques de loukoums et celles de parfums, tous les fruits et légumes de la terre. Ici, on fait ses courses comme au Moyen Âge dans la cohue, le vacarme et un flot d'odeurs irrésistible mêlant la vanille à la fleur d'oranger, le café torréfié à la menthe. Épice finale : prendre un vrai repas turc au *Pandeli*, un vieux restaurant ottoman à l'ancienne.

La Süleymaniye Camii : bâtie en 1550 par Sinan, le plus grand architecte ottoman, pour Soliman le Législateur, le plus grand sultan ottoman, cette douce montagne de marbre blanc résume à elle seule Istanbul : massive comme la Sainte-Sophie grecque, elle a la grâce aérienne des minarets arabes ; érigée pour signifier la puissance du souverain, elle reste comme le mausolée amoureux de sa passion pour Roxelane. Chacune des colonnes centrales en porphyre pèse 60 tonnes mais, au lieu d'éléphants, on pense à des oiseaux tant l'ensemble paraît aérien. Rien de militaire ni d'impérial. Juste une ode à la douceur de vivre qu'illustrent les vitraux ornés de tulipes, d'œillets et de jacinthes. Le dieu de ce sanctuaire s'appelle Lumière. Elle pénètre partout et, frappant ces infinies surfaces de marbre blanc, vous transporte au jardin du paradis. Tout est majestueux, simple et dépouillé : c'est l'art turc au sommet de son savoir-faire classique. Mais tout est également gigantesque et tout mérite d'être visité : la cour d'accueil et la salle de prière mais aussi les écoles coraniques, l'hôpital, la cantine pour les indigents (transformée en musée des Arts islamiques), l'école de médecine, le bazar ou le hammam. En même temps qu'un lieu de culte, c'est tout un quartier qu'aménageaient à l'époque les sultans ou les dignitaires soucieux de se constituer un capital spirituel avant le passage au royaume des morts. Dans le cas de la Süleymaniye, toutefois, les lieux les plus émouvants sont les mausolées de Soliman et de Roxelane, exquis pavillons dénués de toute grandiloquence, que des arbres immenses du parc protègent du soleil. Voir également, au fond des jardins, le petit mausolée de Sinan qui, à l'écart de son chef-d'œuvre, a tenu à le signer ici pour l'éternité.

Le musée des Arts turcs : à proximité immédiate du palais impérial se dressait la somptueuse résidence de son grand vizir adoré, le trop bel Ibrahim Pacha. Tout lui était dû. Le sultan lui vouait un culte. Ibrahim en profita pour épouser sa sœur, amasser une fortune indécente et bâtir le plus somptueux palais privé de l'époque. Tels Richelieu ou Mazarin un siècle plus tard, il réunit d'immenses collections d'objets d'art. Elles ont servi de base au musée qui, aujourd'hui, dans ses murs, exalte l'art turc, depuis les premiers Seldjoukides jusqu'aux Ottomans de l'âge classique. Les salles consacrées aux tapis et aux kilims sont les plus riches du monde. Dans la section ethnographique ont été reconstitués les décors de la vie turque depuis le Moyen Âge, des tentes sommaires de l'époque nomade jusqu'aux salons luxueux de l'ère grandiose.

La mosquée d'Eyüp : c'est la cathédrale de Reims des sultans ottomans, là où le nouveau maître de l'Empire allait passer le sabre d'Osman, fondateur de la dynastie impériale. Ce sanctuaire est le plus sacré d'Istanbul car c'est le seul directement relié à Mahomet lui-même. Eyüp, en effet, était son porte-drapeau et il mourut quarante ans après le Prophète lors du premier siège de Constantinople par les Arabes. Les céramiques de la mosquée sont si belles que le Louvre en expose quelques-unes. Elles reflètent l'extraordinaire subtilité des artisans d'Iznik capables de mêler avec génie églantines et roses, feuilles et branches, rouges et bleus... Installé au fond de la Corne d'Or, ce lieu de recueillement est peu fréquenté par les touristes. À proximité, le **café Pierre Loti** vous ramènera au vrai Istanbul, bavard, marivaudant et séducteur. Sur les petits sentiers ombragés à flanc de colline, garçons et filles flirtent en observant à leurs pieds le panorama inouï de toute la ville, depuis la Corne d'Or jusqu'aux longs minarets des grandes mosquées historiques.

Dolmabahçe : c'est grandiose. On dirait un château de Louis II de Bavière. Tout est excessif : le marbre, le cristal, le blanc, le stuc, le bois verni, l'albâtre, les tentures, les dorures, les tapis... On est en pleine folie baroque. Mais c'est à la fois cocasse et magnifique. L'escalier de géants à balustres en cristal fait sourire tant il semble inspiré d'un décor à la Walt Disney mais le volume parfait du palais léché par le Bosphore laisse ébahi par la grâce de l'ensemble. Dans la salle du Trône, le lustre de cristal offert par la reine Victoria pèse 4,5 tonnes mais l'ensemble, au lieu d'être lourd, réussit à être aérien. Dans le genre pasticheur des palais officiels du XIXe siècle, on atteint ici une sorte d'apothéose. Les enfants adorent : ils se croient dans un film. Les Turcs, eux, se recueillent devant la petite chambre où Atatürk a rendu l'âme : meubles dépouillés, drapeau national sur le lit. On observe cette cellule de moine au milieu de cette énorme pâtisserie et on comprend pourquoi le fondateur de la Turquie moderne est parti pour Ankara.

ANNEXE 2
CHRONOLOGIE

330   Constantin Ier inaugure sa nouvelle capitale.

413   Théodose II fait élever d'infranchissables murailles terrestres.

527   Justinien Ier et Théodora couronnés empereur et impératrice associés.

537   Premier service religieux à Sainte-Sophie.

610   Héraclius est le premier basileus. L'Empire romain d'Orient se transforme en Empire byzantin. Il écrase l'Empire perse qui ne s'en relèvera pas. Mais en 636, il est vaincu à Yarmouk par les Arabes qui s'emparent de Jérusalem.

674   L'invincible avancée des Arabes s'arrête au pied des murailles de Constantinople qui ne se rend pas. Après cinq ans de siège, Constantin IV brise leur attaque grâce au feu grégeois. Il ne peut empêcher, en revanche, la naissance d'un puissant État bulgare.

726   Léon III l'Isaurien, vainqueur des Sarrasins, fait détruire l'icône dorée du Christ qui domine la Chalké, porte d'entrée du palais impérial. Début de la querelle iconoclaste.

763   Constantin V Copronyme, son fils, écrase les Bulgares.

797   Irène, la veuve de Léon IV, fait crever les yeux de son fils Constantin VI, dirige l'Empire, négocie les conditions de son mariage (avorté) avec Charlemagne et rétablit le culte des images.

811   Krum, le khan bulgare, anéantit l'armée byzantine, tue le basileus Nicéphore Ier et transforme son crâne en coupe recouverte d'argent.

814   Léon V l'Arménien rétablit l'iconoclasme.

843   Convoqué par l'impératrice Théodora, le concile de Constantinople autorise une fois pour toutes le culte des icônes. Fin de la querelle des images.

867   Ancien garçon d'écurie d'une force herculéenne, analphabète devenu chambellan, Basile Ier le Macédonien est nommé co-empereur par Michel III. Il reconquiert l'Italie, refoule les Arabes d'Asie Mineure, convertit Serbes et Bulgares à la foi orthodoxe et rend toute sa puissance à l'Empire.

913   Arrivée sur le trône de Constantin VII Porphyrogénète, incarnation de l'âge d'or byzantin, auteur d'un *Traité de l'administration de l'Empire* en cinquante-trois volumes et du fameux *Livre des cérémonies*.

969   Nicéphore II, la « mort blanche des Sarrasins », reconquiert toute l'Asie Mineure et rend Antioche à la chrétienté.

1014   Ayant anéanti l'empire du tsar Samuel à la bataille de Kimbalangos, Basile II le Bulgaroctone fait crever les yeux de quinze mille prisonniers.

1045   Constantin IX Monomaque confie le pouvoir au moine Psellos et au juriste Jean Xiliphin. L'éclat intellectuel de Byzance atteint son apogée.

1054   Aboutissement d'années de dispute, les légats de Léon IX déposent à Sainte-Sophie une bulle papale excommuniant le patriarche de Constantinople, Michel Cérulaire. Le grand schisme est consommé.

1055   Apparition des Turcs seldjoukides qui s'emparent de Bagdad et du califat abasside.

1071   À Mantzikert, le sultan turc Alp Arslan écrase l'empereur Romain IV Diogène et le fait prisonnier.

1099 Après plusieurs victoires contre les Turcs seldjoukides, la première croisade s'empare de Jérusalem et permet à Alexis Ier Comnène de récupérer le contrôle de l'Anatolie.

1122 Venise entre en guerre contre Byzance et conquiert Corfou, Rhodes, Chio, Samos, Lesbos et Céphalonie. Ses marchands obtiennent ensuite de Jean II Comnène des privilèges commerciaux exorbitants.

1182 Constantinople se soulève et, excitée par Andronic Comnène, se livre au massacre des milliers de commerçants latins installés dans la ville.

1191 À la nouvelle de la prise de Jérusalem en 1187 par les Sarrasins, la troisième croisade menée par Philippe Auguste et Richard Cœur de Lion reconquiert Saint-Jean-d'Acre et une partie de la Palestine.

1204 Appelé au secours par Isaac II Ange détrôné par son frère aîné Alexis III, le doge Enrico Dandolo détourne la quatrième croisade et s'empare de Constantinople où régneront jusqu'en 1261 des empereurs latins.

1261 Michel VIII Paléologue, chef de l'Empire byzantin de Nicée fondé en 1204 par les Lascaris, reprend Constantinople.

1346 Orkhan, fils d'Osman, le fondateur de la dynastie ottomane, épouse Théodora, la fille de Jean VI Cantacuzène. Il aide Byzance dans ses guerres contre les Serbes mais s'empare de la forteresse de Gallipoli et installe ses troupes en Europe.

1396 Effort ultime des chrétiens pour arrêter les Ottomans, une immense armée comprenant des Hongrois, des Français, des Allemands, des Polonais, une flotte génoise et vénitienne, les chevaliers de Rhodes et les troupes impériales de Manuel II Paléologue affronte Bajazet à Nicopolis. Un massacre. Après la bataille, le sultan fait décapiter dix mille hommes. Pour Byzance, tout espoir est perdu.

1402	Sursis miraculeux : l'État ottoman est anéanti par le raid apocalyptique de Tamerlan, lointain successeur du Mongol Gengis Khan. Bajazet est amené en esclavage.
1453	Chute de Constantinople. Constantin XI Paléologue meurt lors de la prise de la ville par Mehmet II.
1517	Sélim Ier s'empare de l'Égypte et transfère le califat à Istanbul.
1529	Soliman le Magnifique met le siège devant Vienne, puis annexe la Hongrie.
1571	La flotte de Sélim II est battue à Lépante.
1683	À son tour, Mehmet IV met le siège devant Vienne. Nouvel échec.
1699	À Karlowitz, en Serbie, signature du premier traité de paix défavorable aux Ottomans qui cèdent des territoires à l'Autriche, à la Russie, à la Pologne et à Venise.
1774	Le traité de Kutchuk-Kaïnardji établit la suprématie de l'empire des tsars sur celui des sultans qui renoncent à la Crimée et à tout le nord de la mer Noire.
1808	Assassinat de Sélim III, partisan de réformes militaires et politiques pour enrayer la décomposition de l'État.
1826	Alors que la Grèce conquiert son indépendance, Mahmud II profite des défaites ottomanes pour éliminer les janissaires, opposés à toutes réformes.
1878	Le congrès de Berlin démantèle la partie européenne de l'Empire ottoman. La Serbie, la Roumanie et la Bulgarie sont indépendantes, l'Autriche occupe la Bosnie-Herzégovine, les Russes s'emparent de l'Anatolie orientale.
1916	Les Turcs commandés par Mustafa Kemal écrasent les Anglais et les Français aux Dardanelles.
1920	Le traité de Sèvres anéantit l'Empire ottoman qui ne conserve qu'Istanbul et l'Anatolie centrale.
1920	À Ankara, Mustafa Kemal réunit la première grande assemblée nationale et entame la guerre d'indépendance.
1923	Le traité de Lausanne prend acte de la victoire turque et fixe les frontières du nouvel État.
1923	Ankara devient capitale.

TABLE

189

Impression réalisée sur CAMERON
par BRODARD ET TAUPIN
La Flèche
en décembre 2004

Dépôt légal : décembre 2004
N° d'impression : 27379

Imprimé en France